3

Nadia Kaabi-Linke *Seeing Without Light*

Nationalgalerie
Staatliche Museen zu Berlin

Nationalgalerie der Gegenwart

Hamburger Bahnhof

Für die / For the **Nationalgalerie – Staatliche Museen zu Berlin herausgegeben von** / edited by **Sam Bardaouil & Till Fellrath**

SilvanaEditoriale

Inhalt / Content

Nadia Kaabi-Linke.
Seeing Without Light

Sam Bardaouil

Ich kenne Nadia Kaabi-Linke seit mehr als fünfzehn Jahren und verfolge ihre Praxis aufmerksam. Im Jahr 2019 luden Till Fellrath und ich sie ein, an unserer aus Anlass des dreißigsten Jahrestages der Öffnung der Berliner Mauer kuratierten Ausstellung *Walking through Walls* im Gropius Bau teilzunehmen. Sie präsentierte dafür eine adaptierte Fassung ihrer Arbeit *All Along the Watchtower* (2012–2019), die wir 2014 in den Mosaic Rooms in London gesehen hatten. Über den Fußboden und zwei Eckwände einer großen Galerie erstreckte sich der Schatten eines Wachturms. Er schien aus einer von außen kommenden Lichtquelle zu entstehen, die durch ein Fenster in einer Wand am anderen Ende des Raumes einfiel. Fast alle Besucher*innen, die den Raum betraten, zog

I have known Nadia Kaabi-Linke and closely followed her practice for more than 15 years. In 2019, Till Fellrath and I invited her to take part in our exhibition *Walking through Walls* at Gropius Bau, which marked the 30th anniversary of the opening of the Berlin Wall. For her participation, she presented an adapted version of *All Along the Watchtower* (2012-2019), which we had seen at the Mosaic Rooms in London in 2014. The shadow of a watchtower stretched over the floor and two corner walls of a large gallery. It seemed to be created by an external source of light coming in from the window at the opposite end of the room. As visitors walked into the space, almost every one of them gravitated towards the window in search of the actual tower whose shadow was cast into the room.

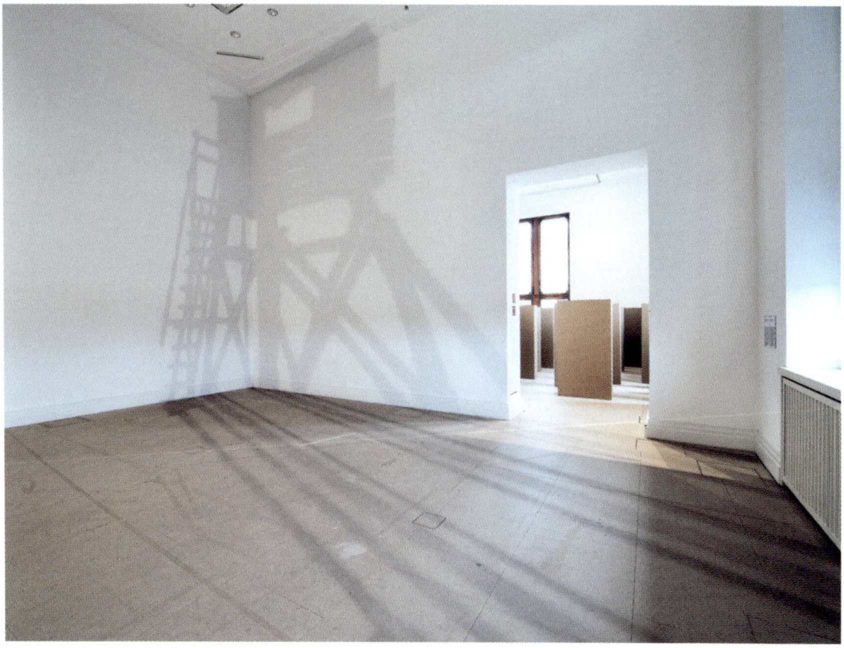

Nadia Kaabi-Linke, *All Along The Watchtower*, 2012 (2019), Maße variabel / dimensions variable, Acrylfarbe / acrylic paint, Ausstellungsansicht / installation view Gropius Bau, 2019

es zu dem Fenster, durch das sie den Turm zu sehen versuchten, dessen Schatten den Raum durchschnitt. Wie sich allerdings herausstellte, war der Schatten überhaupt kein Schatten. Es gab draußen keinen Turm. Nadia Kaabi-Linke hatte in Zusammenarbeit mit ihrem langjährigen Partner und künstlerischen Mitarbeiter Timo Kaabi-Linke die glaubhafte Illusion eines Schattens geschaffen, indem sie die Flächen, die er mutmaßlich bedecken würde, mit grauer Farbe bestrich. Die Wirkung war unheimlich. Worauf die Besucher*innen beim Hinausschauen aus dem Fenster hinunterblickten, war die Topografie des Terrors, der Ort des ehemaligen Gestapo-Hauptquartiers und ein Rest der Berliner Mauer. Der lange, fortbestehende Schatten rührt nicht von physischen Objekten her – Überresten von Stätten und Monumenten, die zu jenem Zeitpunkt schon längst verschwunden waren –, sondern von den Spuren der Unterdrückung und der Teilung, die sie verursachten und die trotz der vergangenen Zeit fortbestanden.

Spuren der Gewalt aufzudecken, um die zugrundeliegenden verdrehten Machtstrukturen zu hinterfragen, ist eine zentrale Voraussetzung für Nadia Kaabi-Linkes facettenreiche

As it turned out, however, the shadow was not a shadow at all. There was no tower outside. Nadia Kaabi-Linke, in cooperation with her long-term partner and artistic collaborator Timo Kaabi-Linke, had created the convincing illusion of a shadow by painting the surfaces where it supposedly fell with grey paint. The effect was uncanny. When looking out of the window, what the visitors found themselves staring down at was the Topography of Terror, the site of the former Gestapo headquarters, and a left-over part of the Berlin Wall. The shadow that lives on is not cast by physical objects – remnants of sites and monuments that by then were long-gone – but by the traces of oppression and divisiveness they created, and which persisted despite the passage of time.

Revealing traces of violence to challenge the skewed structures of power that lie at their source is a key conceptual premise for Nadia Kaabi-Linke's multifaceted practice. I still remember vividly one of the rigorous conversations – talking with Nadia and Timo Kaabi-Linke is always a passionate affair – that we had during one of our early encounters. The exchange took place in front of one of her installations, *Flying Carpets* (2011), in Dubai. The work had just been

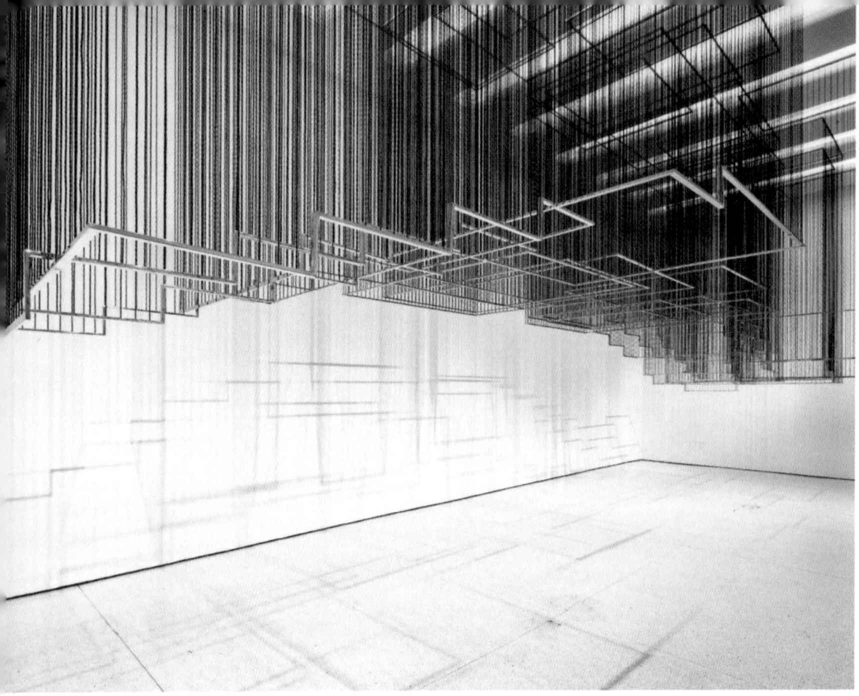

Nadia Kaabi-Linke, *Flying Carpets*, 2011, Maße variabel / dimensions variable, Gummi und Edelstahl / rubber and stainless steel, Ausstellungsansicht / installation view Guggenheim Museum, 2011

Praxis. Eines der entscheidenden Gespräche, die wir bei einer unserer frühen Begegnungen führten, ist mir noch sehr eindrücklich in Erinnerung – Gespräche mit Nadia und Timo Kaabi-Linke sind immer eine leidenschaftliche Angelegenheit. Der Austausch fand in Dubai gegenüber *Flying Carpets* (2011), einer ihrer Installationen, statt. Die Arbeit war gerade erst errichtet worden und war, wie viele Arbeiten der Künstlerin, der Gegenstand großer Neugierde. Die Installation bestand aus schwebenden Edelstahlgittern, die an Fäden von der Decke hingen. Die Künstlerin bezeichnete die Arbeit als „dokumentarische Skulptur". Die Gitter wiederholten die Formen und Größen von Kunststoff- oder Stofftüchern, auf denen Straßenverkäufer in Venedig – meistens Immigrant*innen aus Nord- und Zentralafrika sowie aus Südasien – ihre gefälschte Ware auslegten. Indem sie ihre Produkte auf diesen Behelfsteppichen präsentierten, konnten sie diese schnell zusammenpacken und beim Anblick der nahenden Polizei fliehen. Diese Flucht, so Nadia Kaabi-Linke, „war nicht nur physisch, sondern auch metaphorisch, insofern dies sowohl die skurrile orientalische Fantasie vom fliegenden Teppich wie die unfreundliche Realität der Einwanderer*innen ohne Papiere auf den Punkt brachte." Mir ist das Gefühl, sich in

inaugurated and, like many of the artist's works, was the subject of great curiosity. The installation was made of floating stainless-steel grids hanging from threads attached to the ceiling. The artist referred to the work as a "documentary sculpture." The grids replicated the shapes and sizes of sheets of plastic or cloth on which street vendors in Venice – mostly illegal immigrants from North and Central Africa as well as South Asia – laid out their counterfeited goods. Placing their wares on these make-shift rugs allowed the immigrants to scoop them up and flee quickly upon the sight of the approaching police. This escape, according to Nadia Kaabi-Linke, "was not only physical, but also metaphorical insofar as it encapsulated both the whimsical orientalist fantasy of the flying carpet and the harsh realities experienced by undocumented immigrants." I remember the sensation of getting lost in the work, trying to visually trace the abstract grid of metal. I also distinctly remember thinking about French philosopher and sociologist Henri Lefebvre and his concept of social space. According to Lefebvre, nothing ever truly disappears. "In space, what came earlier continues to underpin what follows ... Pre-existing space underpins not only durable spatial arrangements, but also representational spaces and their attendant imagery and mythic

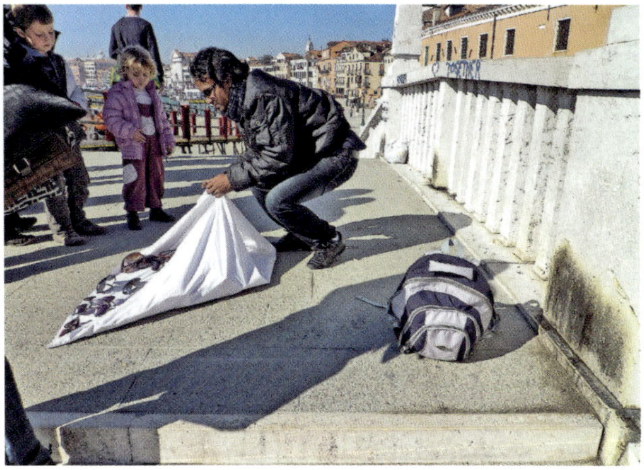

Ein Straßenhändler packt ein / Street vendor wrapping up

dieser Arbeit zu verlieren, während ich versuchte, das abstrakte Gittermuster des Metalls mit den Augen zu verfolgen, noch gut in Erinnerung. Ganz deutlich erinnere ich mich daran, dass ich an den französischen Philosophen und Soziologen Henri Lefebvre und sein Konzept des sozialen Raums dachte. Nach Lefebvre verschwindet nichts jemals wirklich. „Im Raum untermauert das, was vorher da war, das, was folgt... Der zuvor bestehende Raum untermauert nicht nur dauerhafte räumliche Arrangements, sondern auch Repräsentationsräume und die dazugehörige Bildwelt und die mythischen Erzählungen."[1] Diese seit langem auf voreingenommenen Bildwelten und gut geölten Unterdrückungsvehikeln beruhenden Narrative sind es, die Nadia Kaabi-Linke in ihrer kritischen Arbeit evoziert. Dies wird beispielsweise in *Faces* (2014), einer fotografischen Arbeit der Künstlerin, angesprochen, die wir während unserer zweiten Zusammenarbeit im Rahmen von *I Put a Spell on You*, einer Ausstellung, welche Künstler*innenkooperationen im Jahr 2020 am SCAD (Savannah College of Art and Design) Museum of Art in Georgia, USA, untersuchte.

Die Arbeit war das Ergebnis umfangreicher, lange vor der Ausstellung durchgeführter Recherchen. Die weitere Zusammenarbeit mit Studierenden und Lehrenden der SCAD lieferte einen zusätzlichen Kontext für die Präsentation des Werks im Jahr 2020. Das Projekt begann, als die Künstlerin zufällig ein reproduziertes Archivfoto aus dem Bestand der Universität von KwaZulu-Natal in Südafrika sah. Das Foto aus dem Jahr 1899 zeigte eine Gruppe von Südafrikaner*innen in traditioneller Zulu-Kleidung in einer Weise versammelt, welche die Individualität der Einzelpersonen verschleierte und sie zu einer reduzierten Darstellung des Andersseins machte. Ein Artikel in der britischen Zeitung *Westminster Budget* vom 28. April 1899 lieferte zusätzliche Informationen. Es wurde darin von Schwarzen berichtet, die in das Ausstellungszentrum Earls Court in London gebracht worden waren, wo sie als

1 Henri Lefebvre, *The Production of Space*, London: Wiley-Blackwell, 1992, S. 230.

narratives."[1] It is precisely these narratives, long-based on prejudiced imaginaries and well-oiled vehicles of oppression, that Nadia Kaabi-Linke invokes through her critical work. This is tackled, for example, in her series of photographs titled *Faces* (2014), which we exhibited during our second collaboration in *I Put a Spell on You*, a show exploring artist collaborations at the SCAD (Savannah College of Art and Design) Museum of Art in Georgia, USA in 2020.

The work was the result of extensive research, conducted long before the exhibition. Further collaboration with SCAD students and faculty members provided additional context for the presentation of the work in 2020. The project started when the artist came across a reproduction of an archival photograph from the holdings of the University of KwaZulu-Natal in South Africa. The photograph from 1899 showed a group of South Africans in traditional Zulu dress and gathered in a way that obscured the individuality of each person, turning them into a reductionist portrayal of otherness. An article in the British newspaper *Westminster Budget* from April 28, 1899 provided additional information. It reported on "Black folks" being brought to the Earls Court exhibition center in London, where they would dwell as actors in the native village that was being constructed

1 Henri Lefebvre, *The Production of Space*, London: Wiley-Blackwell, 1992, p. 230.

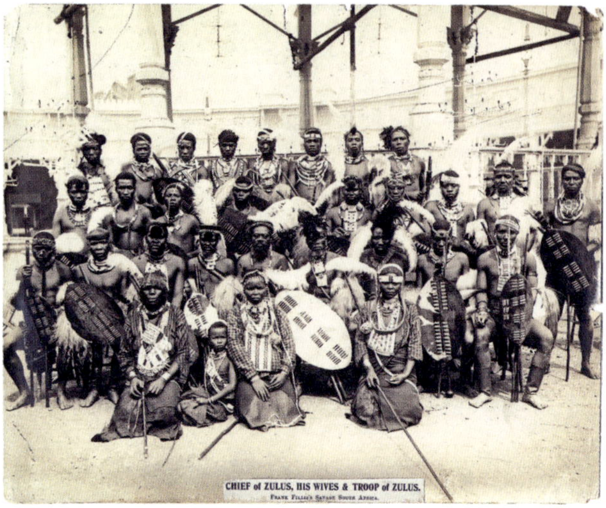

Archivbild / archive image „Chief of Zulus, his wives and troop of Zulus" (C53/003). Killie Campbell collections of the University of KwaZulu-Natal

there to reflect "exactly what life is like on the borders of civilization in West Africa". Departing from the original group portrait, the artist worked with face extraction methods to create enlarged personal portraits of each of the characters. Several details began to emerge revealing categorizations and codes that spoke of distinct individuals instead of essentialized tropes. Revealing these concealed details was the artist's attempt to unveil the colonial legacy that had long denied the colonized the agency that comes from the acknowledgment of individuality.

The question of personal autonomy and freedom in the face of tools of surveillance and control is another concern that underpins many of Nadia Kaabi-Linke's explorations. This is evident, for example, in her work *Modulor I* (2014-2021), which we presented in our exhibition trilogy *The Architecture of...* at BNKR, Munich, in 2021. Here, Kaabi-Linke traced the dimensions of prison cells used for solitary confinement in various institutions worldwide. Visitors unconsciously participated in the installation immediately upon entering the exhibition space, finding themselves standing within the inscribed cells. The overlapping lines on the walls and floor cataloged the varying dimensions of the cells, creating an abstract and geometric spatial drawing. The title of the work refers to Le Corbusier's Modulor and its rational approach to scaling space and optimizing spatial forms. Both the narrow architecture of the exhibition space and the obstructed view to the outside conjured the living conditions of prisoners. Indicating the sites of the respective prisons, the installation questioned the different conditions of isolation and the underlying ideologies that inform its implementation. The work strongly recalls Foucault's concept of "heterotopia," which in its essence can be described as a sphere of otherness that is at once real, yet exists outside the norms of reality.[2] Unlike utopias, which can never truly exist, heterotopias are inverted enactments of these ideal states. Some of them thrive on instruments of

Schauspieler *innen in dem dort errichteten „native village" leben sollten, um „das Leben an den Grenzen der Zivilisation in Westafrika exakt abzubilden". Von dem ursprünglichen Gruppenporträt ausgehend, arbeitete die Künstlerin mit Methoden der Gesichtsextraktion, um von jedem der Dargestellten vergrößerte persönliche Porträts zu erschaffen. Einige Details kamen zum Vorschein, die Kategorisierungen und Codes enthüllten, die von unterscheidbaren Individuen zeugten statt von auf das Grundsätzliche reduzierten (bild-) rhetorischen Tropen. Mit der Enthüllung dieser verborgenen Details versuchte die Künstlerin, das koloniale Erbe sichtbar zu machen, das den Kolonisierten das Handeln abgesprochen hatte, welches aus der Anerkennung der Individualität resultiert.

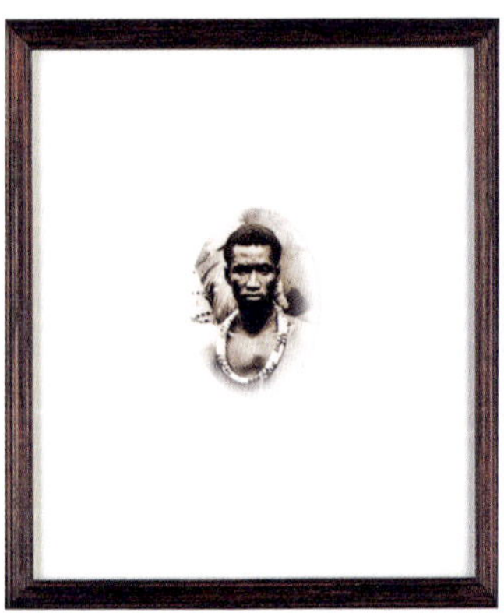

Nadia Kaabi-Linke, *Faces*, 2014, Detail

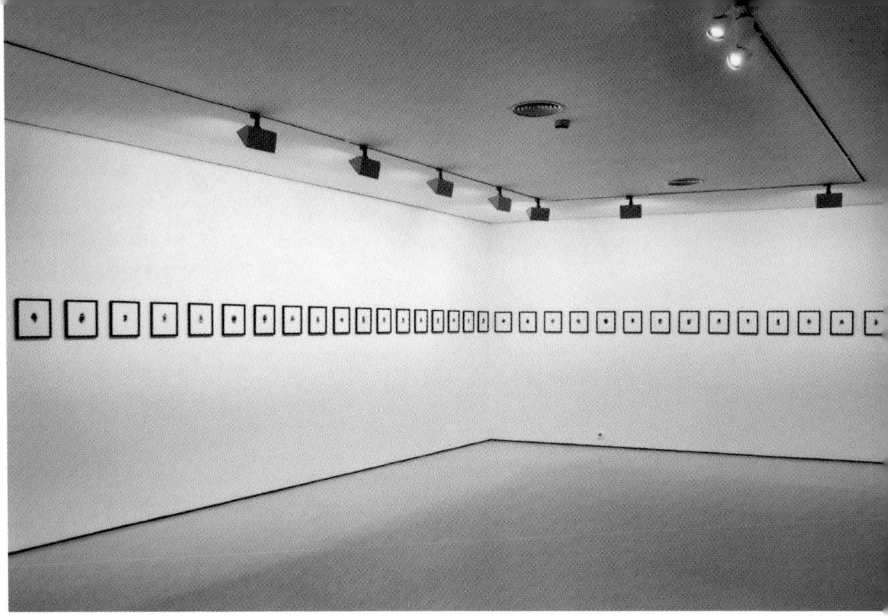

Nadia Kaabi-Linke, *Faces*, 2014, jeweils / each 25,8 × 22,8 cm, 32 Digitaldrucke / digital prints

Die Frage von persönlicher Autonomie und Freiheit angesichts von Überwachungs- und Kontrollinstrumenten ist ein weiteres Anliegen, das vielen der Arbeiten von Nadia Kaabi-Linke zugrunde liegt. Offensichtlich ist dies beispielsweise in ihrem Werk *Modulor I* (2014–2021), das wir 2021 in unserer Ausstellungstrilogie *The Architecture of...* im BNKR München gezeigt haben. Kaabi-Linke zeichnete hier die Dimensionen von Gefängniszellen nach, die weltweit in verschiedenen Einrichtungen für die Einzelhaft genutzt werden. Unmittelbar nach Betreten des Ausstellungsraums nahmen die Besucher*innen unbewusst an der Installation teil, indem sie sich in den vorgezeichneten Zellen stehend wiederfanden. Die sich überschneidenden Linien an den Wänden und auf dem Boden katalogisierten die variierenden Dimensionen der Zellen, indem sie eine abstrakte und geometrische Raumzeichnung schufen. Der Titel der Arbeit bezieht sich auf Le Corbusiers „Modulor" und seine rationale Herangehensweise zur Skalierung des Raums und zur Optimierung der Raumformen. Die enge Architektur des Ausstellungsraums wie auch der versperrte Blick nach draußen evozierten die Lebensbedingungen von Gefangenen. Indem die Lage der jeweiligen Gefängnisse angegeben wurde, stellt die Installation die unterschiedlichen Bedingungen der Isolation und die zugrunde liegenden Ideologien, die ihre Ausführung prägen. Die Arbeit erinnert

observation and surveillance – prisons, detention centers, and conventional schooling institutions included – to keep out the undesira-

2 Foucault verwendete den Begriff „Heterotopie" im Vorwort seines Buches *Les Mots et les choses. Une archéologie des sciences humaines*, erstmals 1966 bei Gallimard in Paris erschienen. (Für die deutsche Übersetzung, siehe: Die Ordnung der Dinge, Frankfurt am Main 1974). Bei dieser ersten Erwähnung nutzte er ihn in Bezug auf die uneingeschränkte Vorstellungskraft der Sprache. Foucault entwickelte den erweiterten Begriff der Heterotopie in einer 1967 vor Architekturstudenten gehaltenen Vorlesung, welche später postum nur in dem französischen Magazin Architecture Mouvement Continuité im Oktober 1984 erschien.

2 Foucault first used the term "heterotopia" in the preface to his book *Les mots et les choses. Une archéologie des sciences humaines*, first published in 1966 by Gallimard in Paris. For the English translation see: Michel Foucault, *The Order of Things: Archaeology of the Human Sciences*, London: Routledge Classics, 2011. In this first mention, he employs the term in relation to the unrestrained imaginative power of language. Foucault would develop the more common understanding of heterotopia in a lecture that he would give in 1967 to students of architecture in Paris, and that would be published only posthumously by the French journal *Architecture Mouvement Continuité*, in October 1984.

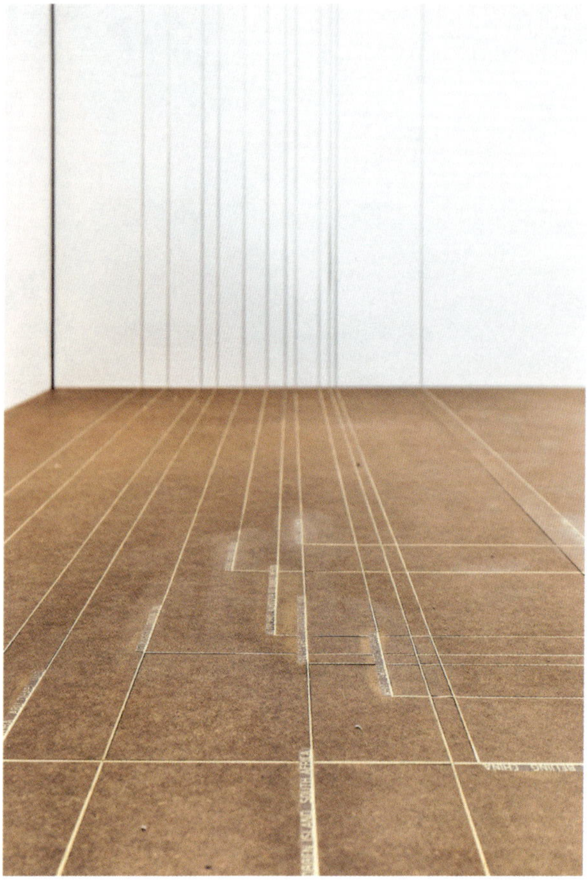

Nadia Kaabi-Linke, *Modulor I*, 2014/2021, ortsspezifische Installation / site-specific installation, Messing / brass, MDF, M+ Museum, Hong Kong, Ausstellungsansicht / installation view BNKR München, 2021

stark an Foucaults Begriff der „Heterotopie", die im Wesentlichen als Sphäre der Andersartigkeit beschrieben werden kann, die real sein und zugleich außerhalb der Normen der Wirklichkeit bestehen kann.[2] Heterotopien sind – anders als Utopien, die nie wirklich existieren können – umgekehrte Verwirklichungen dieser idealen Staaten. Einige von ihnen gedeihen mithilfe von Beobachtungs- und Überwachungsinstrumenten – Gefängnisse, Haftanstalten und konventionelle Schuleinrichtungen inbegriffen –, um die Unerwünschten fernzuhalten und die Nonkonformisten zu kontrollieren. Kaabi-Linkes *Modulor I* spricht als ein bloßer, lediglich im Raum erscheinender Umriss die Geschichte von Kontrolle und Regulierung durch eine suggestive Präsenz an, die zugleich real und abstrakt ist. Darüber hinaus dient er als Metapher für zwiespältige Überwachungstechnologien wie Netzüberwachung,

bles and control the non-conformists. As a mere outline that appears in the space, Kaabi-Linke's *Modulor I* activates the histories of control and regulation through a suggestive presence that is at once real and abstract. Moreover, it serves as a metaphor for ambivalent surveillance technologies such as monitoring networks, GPS tracking, data mining and many others, which have replaced the traditional guard but amplified the possibilities of state power and control.

Through conceptual sculptures, paintings, and installations that examine narratives of otherness, Nadia Kaabi-Linke never ceases to scrutinize both local historical contexts and universal psychological predicaments that relate to the experience of violence. From material traces like paint chips and cobwebs extracted from real spaces, she expands her inquiries like a forensics analyst, bringing to the fore oppressive systems of the past and the mechanisms which allow them to continue to thrive today. Through a variety of critical lenses – feminist, postmodern, and postcolonial just to name a few – her work explores a broad range of histories whose repercussions are still strongly felt in the lived reality of many today. Through works centered around gendered spaces and racist practices, she seeks to subvert the regiments of power that are meant to police bodies, borders, and social structures. In one of our many conversations, I asked Nadia Kaabi-Linke if she thought of herself as an activist, and why she believed art mattered. Her answer was very clear: "I am certainly not an activist," she replied. "Art doesn't tell us how to feel and what to think or act, and what to believe; yet it makes us feel, think, act, and believe in the things that truly count."

GPS-Tracking, gezielte Datensuche und viele andere, welche die traditionelle Wache ersetzen, aber die Möglichkeiten staatlicher Macht und Kontrolle erweitert haben.

Mit konzeptuellen Skulpturen, Gemälden und Installationen, die Erzählungen vom Anderssein untersuchen, hinterfragt Nadia Kaabi-Linke sowohl lokale historische Zusammenhänge als auch universale psychologische Notlagen, die mit der Erfahrung von Gewalt zusammenhängen. Ihre Erkundungen erweitert sie, ausgehend von materiellen Spuren wie Farbsplitter und Spinnweben, die sie realen Räumen entnommen hat, wie eine forensische Analytikerin, indem sie Unterdrückungssysteme der Vergangenheit wie auch die Mechanismen, die deren heutigen Fortbestand sichern, zum Vorschein bringt. Durch eine Vielfalt kritischer Blickwinkel – feministisch, postmodern und postkolonial, um nur einige zu nennen – erkundet sie in ihrem Werk ein breites Spektrum von Geschichten, deren Nachwirkungen sich in der heutigen Lebensrealität vieler noch sehr stark bemerkbar machen. Mit Arbeiten, die sich um geschlechtsspezifische Räume und rassistische Praktiken drehen, versucht sie, die Kreise der Macht zu untergraben, die Körper, Grenzen und soziale Strukturen überwachen sollen. In einer unserer vielen Unterhaltungen fragte ich Nadia Kaabi-Linke, ob sie sich selbst als Aktivistin sähe und warum sie glaubt, dass Kunst eine Rolle spielt. Ihre Antwort war sehr eindeutig: „Ich bin sicherlich keine Aktivistin", sagte sie. „Die Kunst sagt uns nicht, wie wir fühlen, was wir denken, tun oder glauben sollen; doch sie lässt uns bei den Dingen fühlen, denken, handeln und glauben, die wirklich wichtig sind."

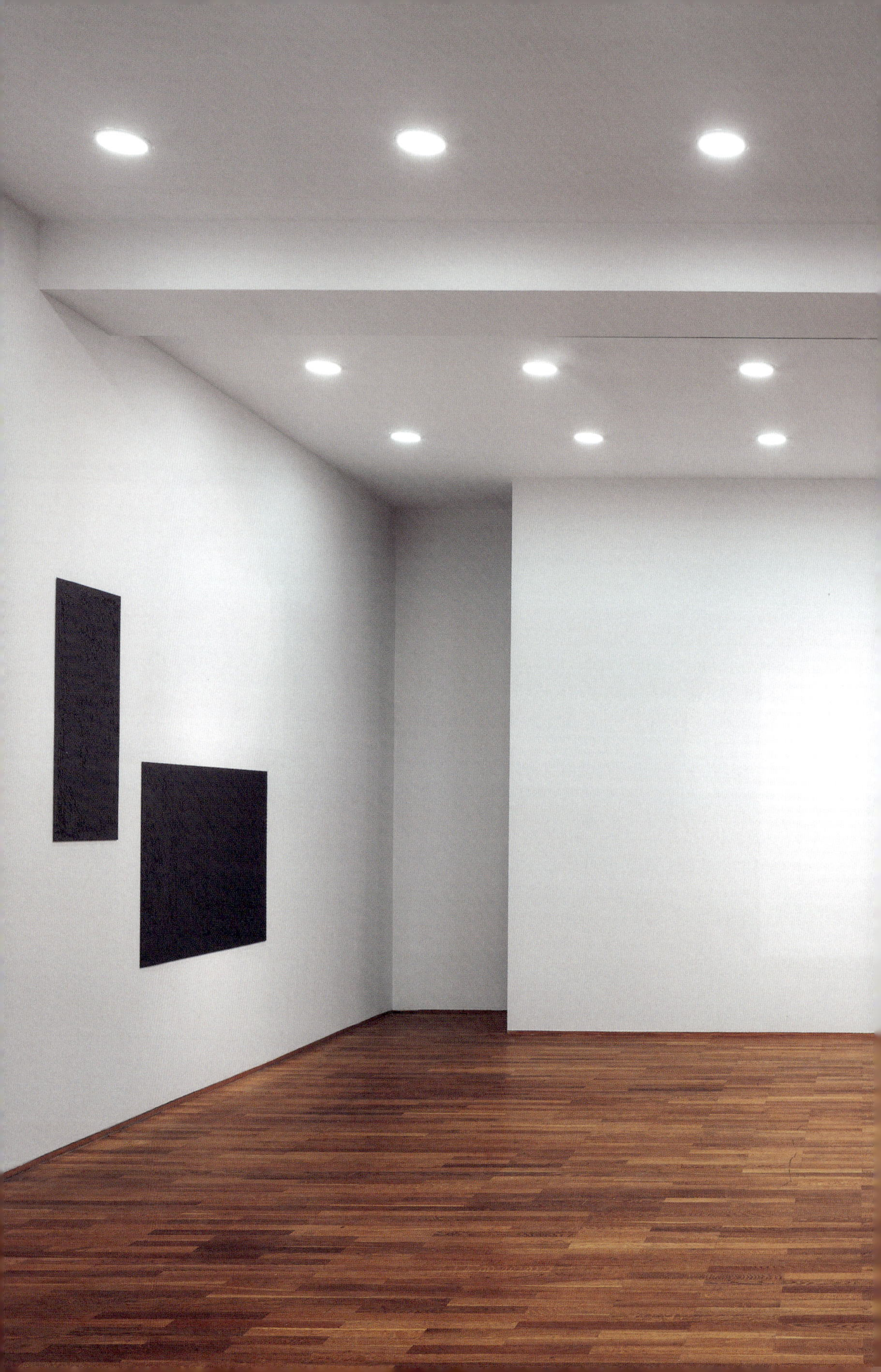

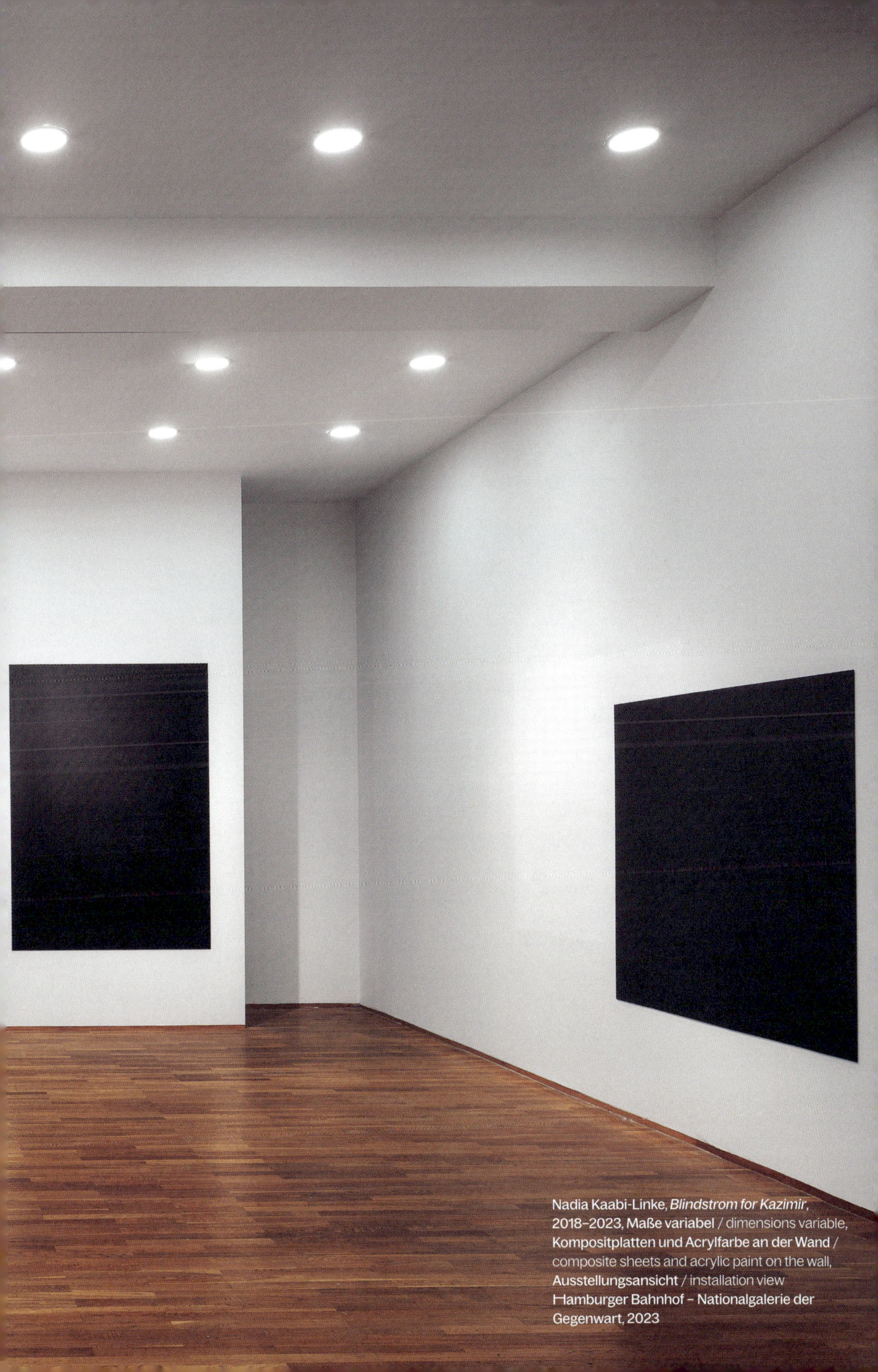

Nadia Kaabi-Linke, *Blindstrom for Kazimir*,
2018–2023, Maße variabel / dimensions variable,
Kompositplatten und Acrylfarbe an der Wand /
composite sheets and acrylic paint on the wall,
Ausstellungsansicht / installation view
Hamburger Bahnhof – Nationalgalerie der
Gegenwart, 2023

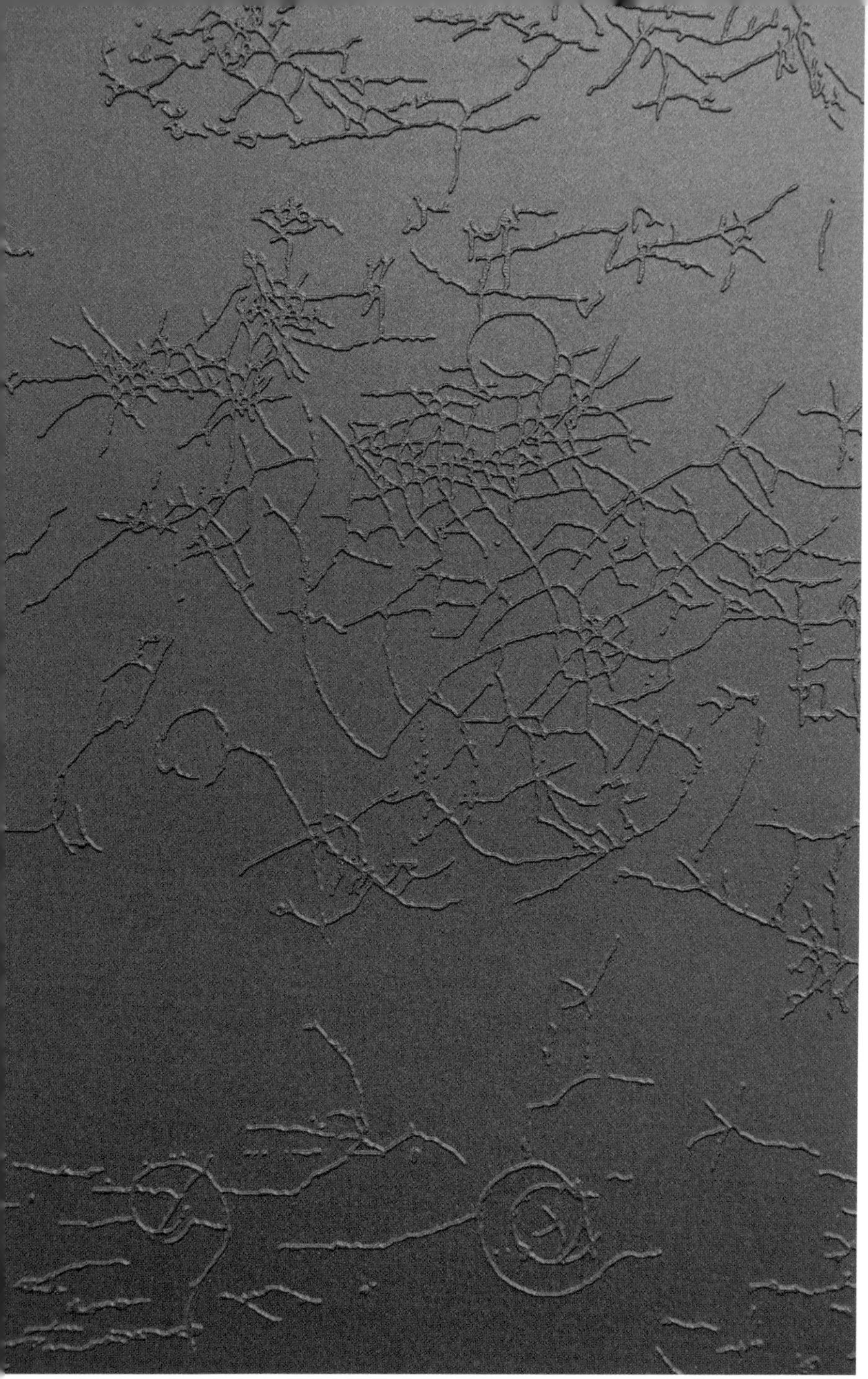

Nadia Kaabi-Linke, *Blindstrom for Kazimir*,
2018–2023, Detail

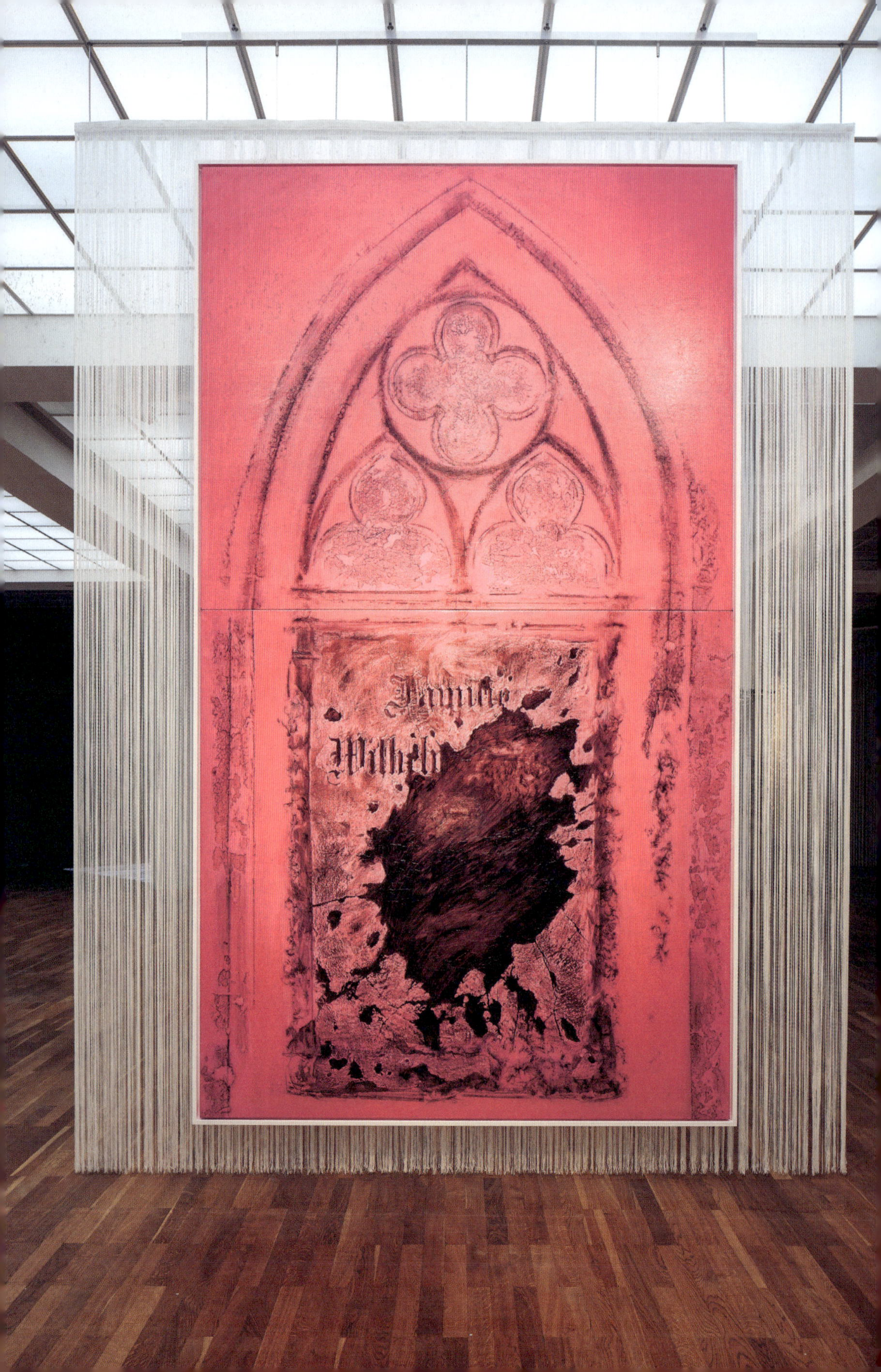

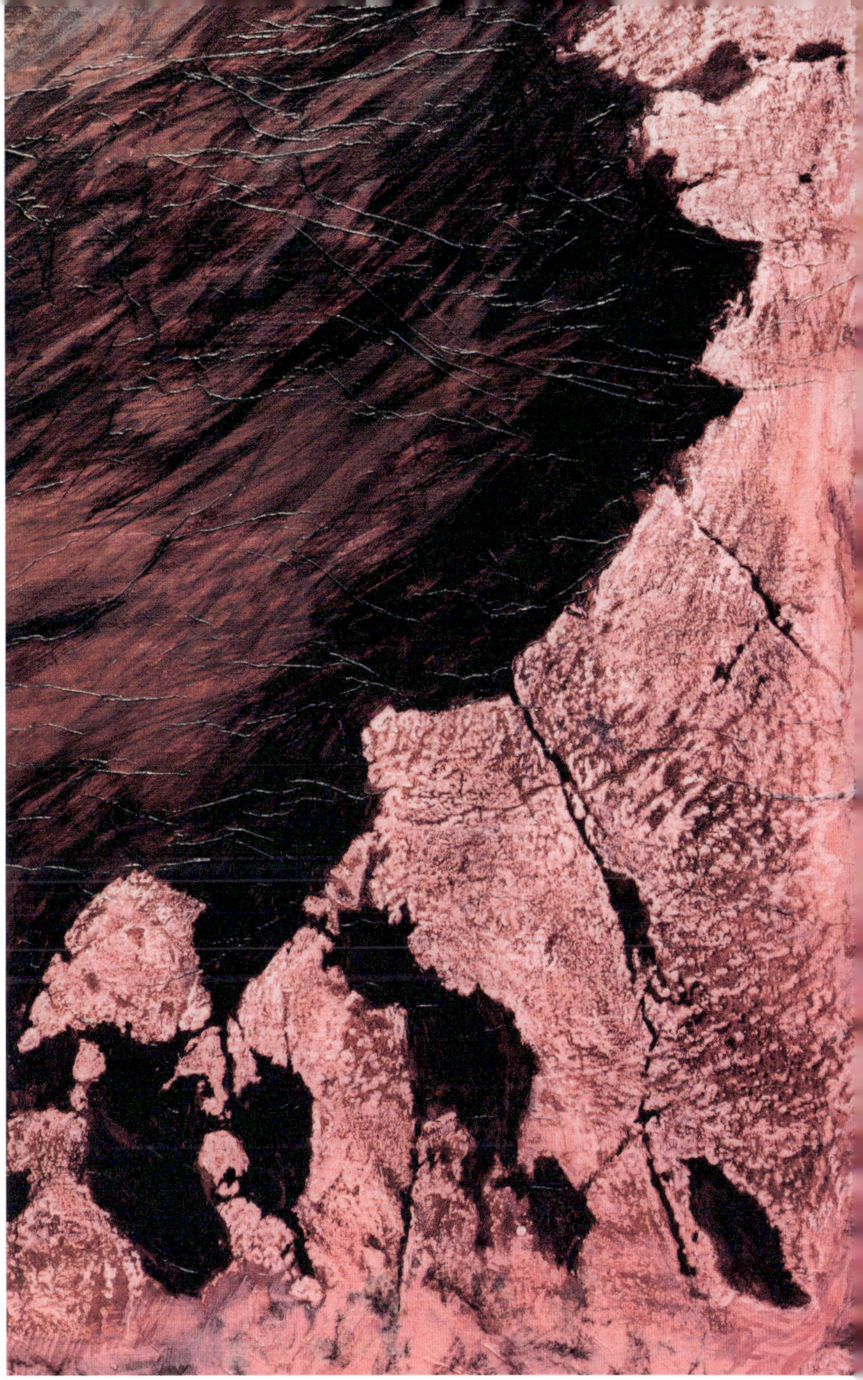

Nadia Kaabi-Linke, *Sepulchre*, 2014, 337,8 × 220 cm, Transferdrucke mit Acryl und Tinte auf Papier auf Leinwand / transfer prints with acrylic and ink on paper on canvas, Burger Collection, Ausstellungsansicht / installation view Hamburger Bahnhof – Nationalgalerie der Gegenwart, 2023

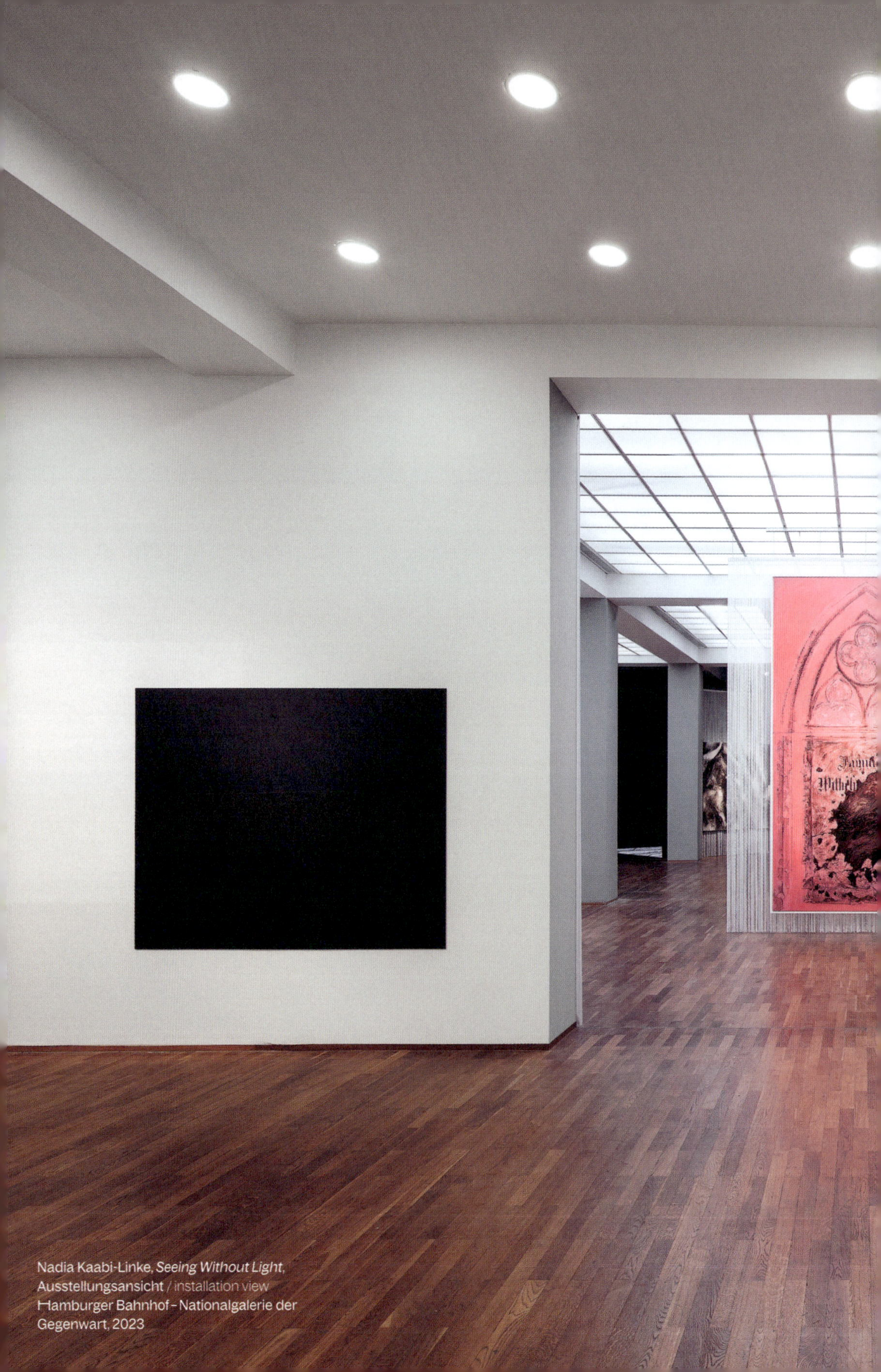

Nadia Kaabi-Linke, *Seeing Without Light*,
Ausstellungsansicht / installation view
Hamburger Bahnhof – Nationalgalerie der
Gegenwart, 2023

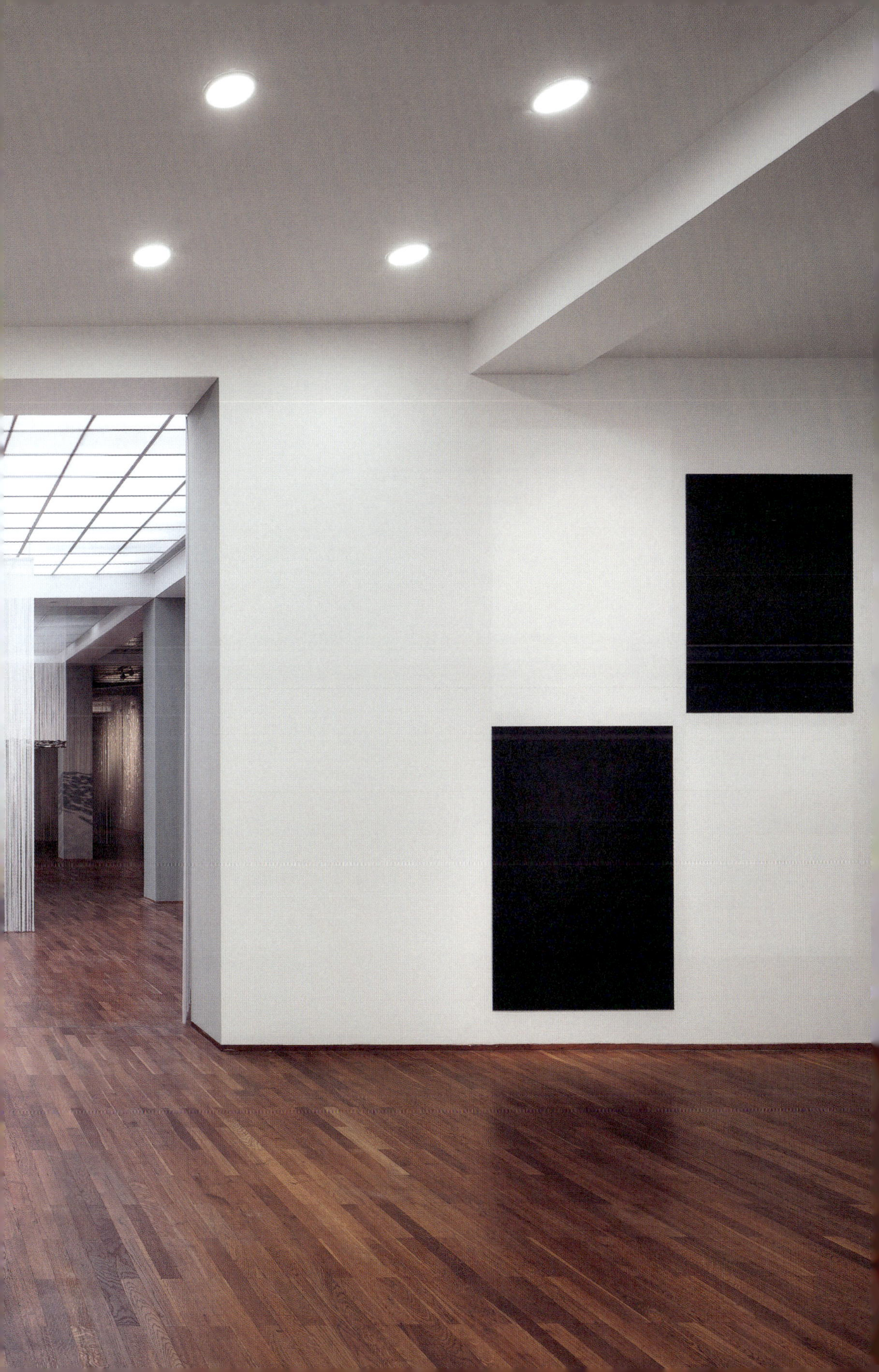

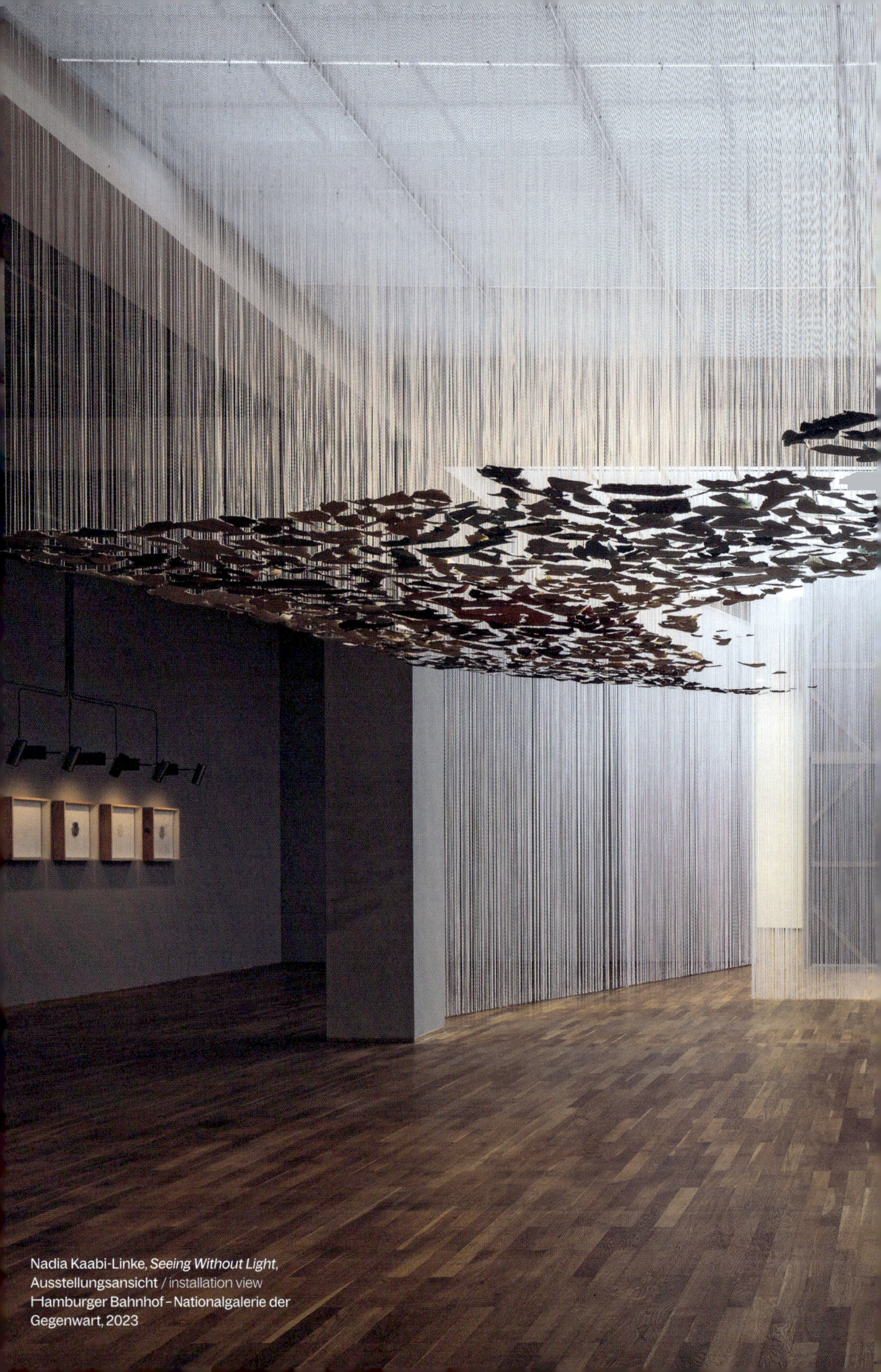

Nadia Kaabi-Linke, *Seeing Without Light*,
Ausstellungsansicht / installation view
Hamburger Bahnhof – Nationalgalerie der
Gegenwart, 2023

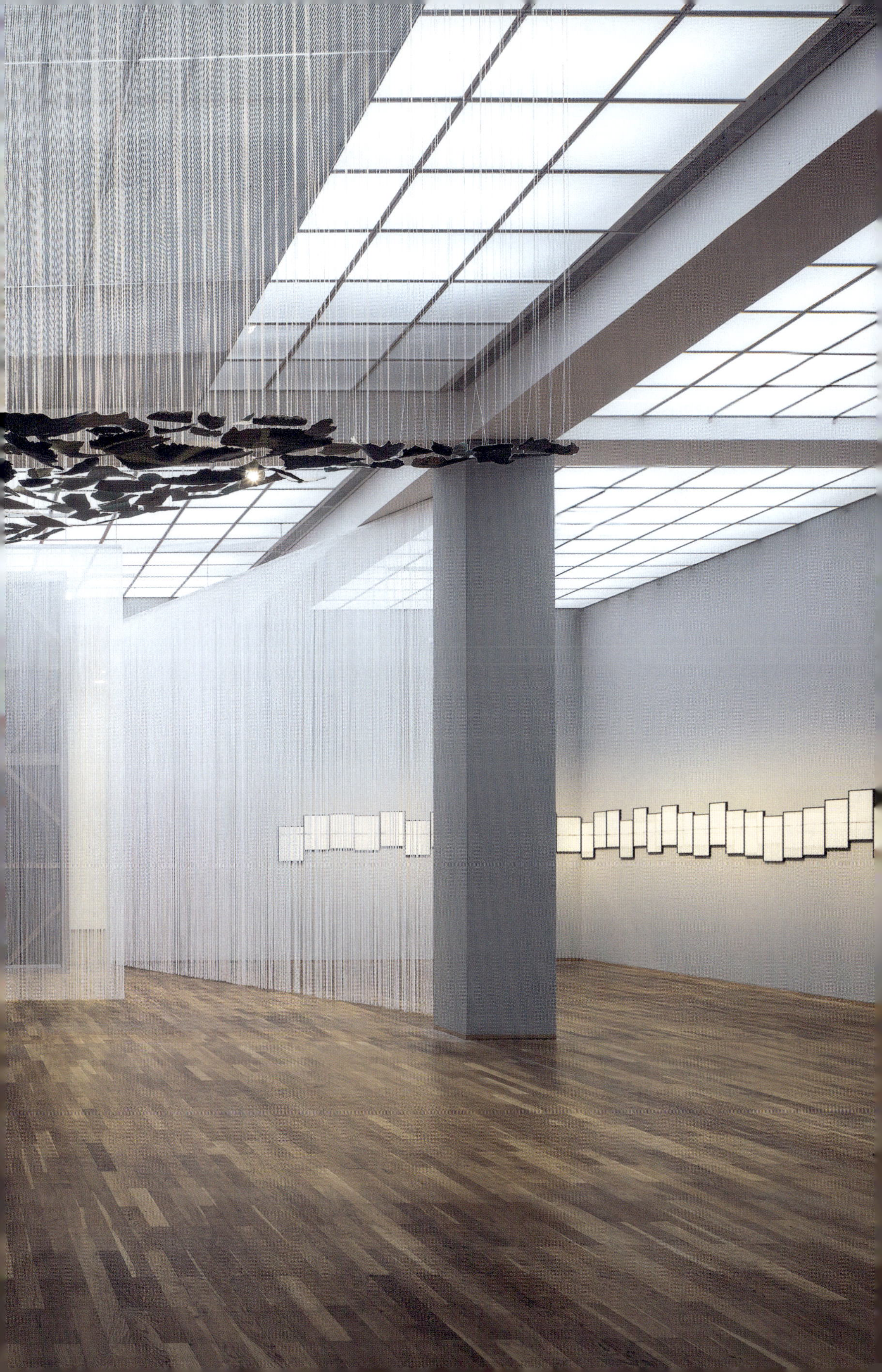

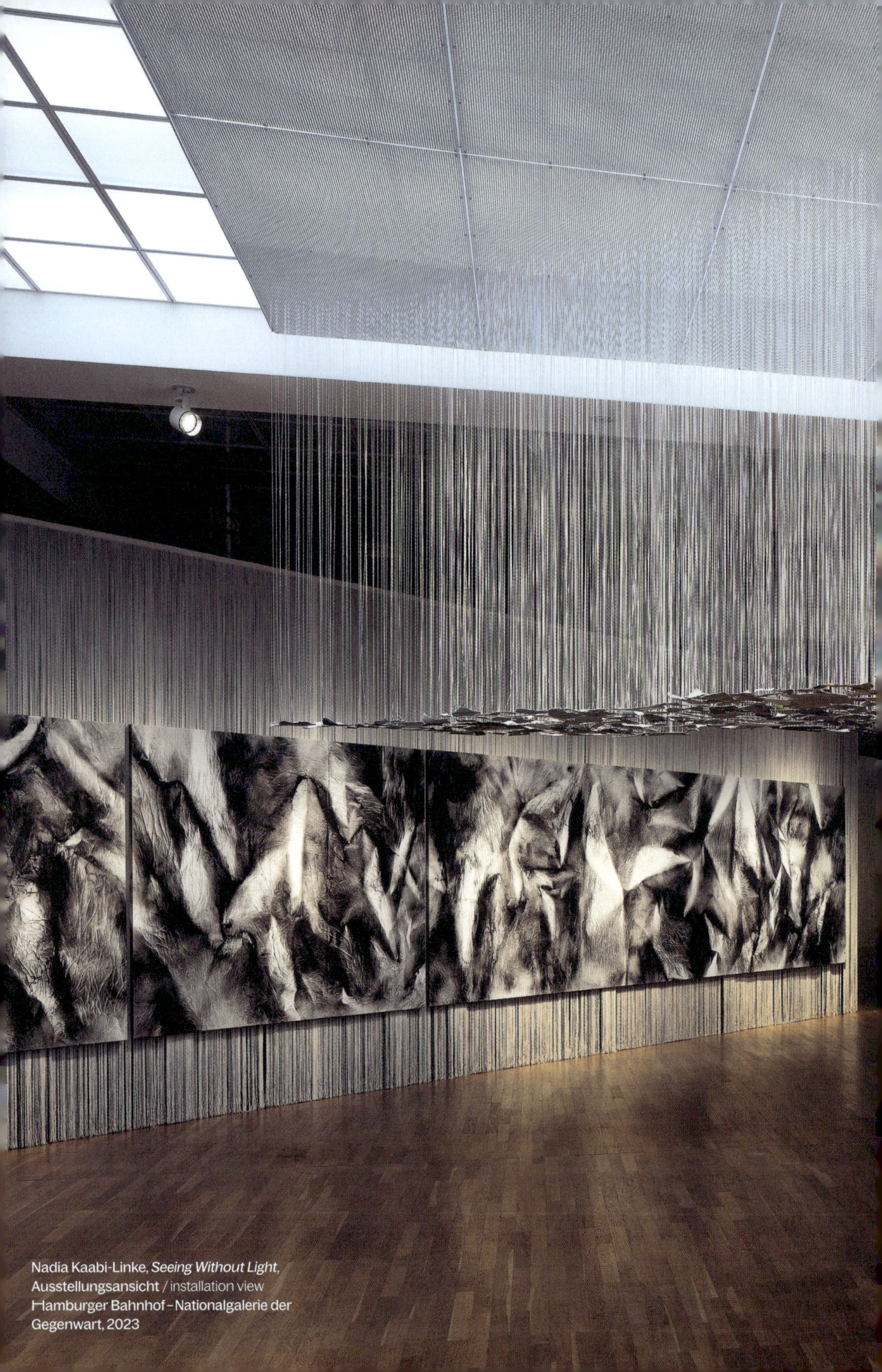

Nadia Kaabi-Linke, *Seeing Without Light*,
Ausstellungsansicht / installation view
Hamburger Bahnhof – Nationalgalerie der
Gegenwart, 2023

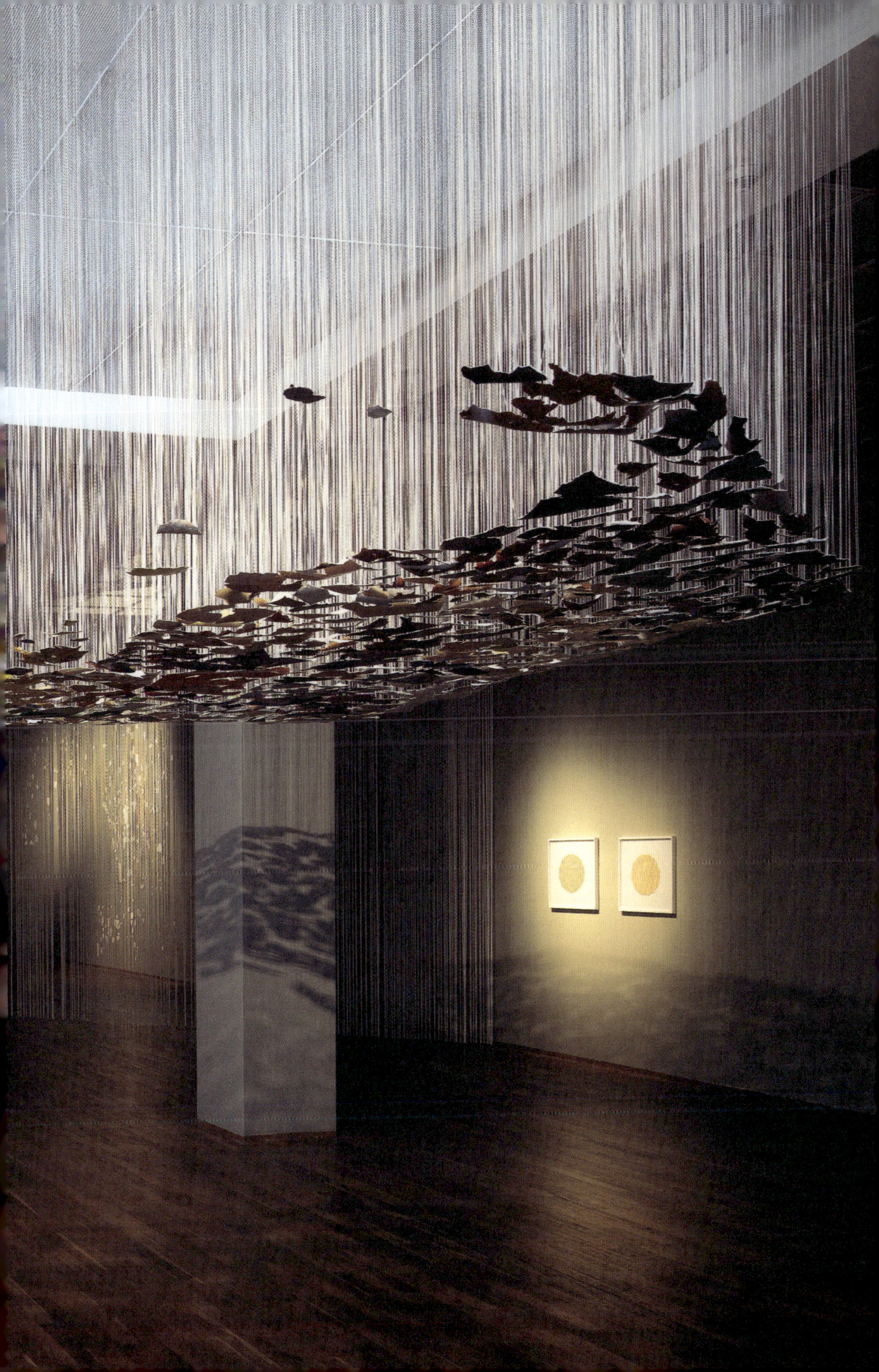

Die Evolution hat uns zu den klügsten Idioten gemacht / Evolution Made Us the Smartest Idiots

Eine Unterhaltung / A Conversation:
Daria Prydybailo mit / with
Nadia Kaabi-Linke

Daria Prydybailo Wir führen dieses Interview im Sommer 2023, während des Krieges in Europa. Wir wissen aber auch, dass die gegenwärtigen sozialen und politischen Ereignisse ihren Ursprung in der Vergangenheit haben. In deiner künstlerischen Arbeit suchst du oft nach Spuren von Gewalt in der Vergangenheit, die unsere Gegenwart prägen. Unser Gespräch möchte ich gern mit diesen Spuren der Gewalt beginnen. Welche Wirkung hat die Vergangenheit deiner Meinung nach auf uns heute?

Daria Prydybailo We are conducting this interview in the summer of 2023, when the war is happening in Europe. But we are also aware that current social and political events are rooted in the past. In your art practice, you often search for traces of violence in the past that shape our present. I would like to start our conversation about these traces of violence. How, in your opinion, does the past affect us today?

Nadia Kaabi-Linke Ich würde sagen, dass die Vergangenheit die Gegenwart in gewisser Weise formt. Sie ist in jedem Augenblick ein Teil von ihr, wie unser Schatten im Sonnenlicht. Zugleich würde ich aber auch sagen, dass die Vergangenheit von unserer Gegenwart abhängt, weil wir uns der Vergangenheit immer aus dem gegenwärtigen Moment heraus nähern. Das heißt, dass jemand, der ganz im Augenblick lebt, auch die Vergangenheit einbezieht, während jemand, der auf die Vergangenheit schaut, die gegenwärtigen Veränderungen möglicherweise nicht zur Kenntnis nimmt. In meiner Arbeit untersuche ich dies auf einer kollektiven Ebene. Obwohl es Arbeiten mit einem starken persönlichen Blickwinkel gibt, interessiere ich mich doch vor allem für die Mechanismen, Strukturen, Schichten, Spuren und Strategien, die kollektive Prozesse, Verhaltensweisen, Routinen, Konventionen, Standards, Rituale und Gewohnheiten organisieren sowie alles, was als normal oder üblich angesehen wird und worüber die Menschen normalerweise nicht nachdenken.

DP Geschichte und Erinnerung setzen sich immer aus Fragmenten zusammen, die eine scheinbar zusammenhängende Erzählung bilden. In deiner Praxis sprichst du vieles an, was verborgen und normalerweise im Hintergrund bleibt. Du arbeitest mit dieser Geschichte, indem du sie dekonstruierst, die Schichten freilegst und ihre Spuren untersuchst, die sie an den Oberflächen historischer Gebäude oder anderen Orten hinterlässt. Kannst du erklären, wie du in deinen Arbeiten Geschichte dekonstruierst?

NKL Geschichte verstehe ich als eine Art fast formbares Rohmaterial. Meiner Meinung nach ist Geschichte – die lineare oder narrative Wiedergabe des Geschehenen – voller Auslassungen, Manipulationen, Propaganda, Mythen und Legenden. Sogar die Archive, welche die Konservatoren der dokumentierten Wahrheit sein wollen, waren für meine Recherche nicht brauchbar, weil sie soziale Zuschreibungen und erfundene Rollen missverstanden als

Nadia Kaabi-Linke I would say the past gives a certain shape to the present. It is part of it at any moment, like our shadow in sunlight. At the same time, I would also say that the past depends on our present since we approach the past always from the present moment. That means if someone lives fully in the moment, they also embrace the past, while somebody looking at the past might not notice the present changes. In my work, I explore this on a collective level. Although there are works with a strong personal element, I am mostly interested in the mechanisms, structures, strata, traces, and strategies that organize collective processes, behavior, routines, conventions, protocols, rituals, habits, and everything that is considered normal or ordinary, and that people usually do not think about.

DP History and memory are always constructed from fragments, creating a seemingly consistent narrative. In your practice, you address many things that are hidden and usually stay in the shadows. You are working with history, deconstructing it, uncovering its layers, examining its imprints left on the surfaces of historical buildings or other places. Can you explain how you deconstruct history in your works?

NKL I understand historical objects as a kind of raw material that is almost malleable. In my view, History with a capital H – the linear or narrative representation of history – is filled with omission, manipulation, propaganda, myths, and legends. Even the archives that want to be conservators of documented trueness happened to fail during my research, as they mistook social ascriptions and made-up roles as a person's identity. A guaranteed truth in lower case history is that there is no truth in upper case History. This is why I approach the past through leftovers found in the present time: fragments, bits, and pieces that are still there yet almost forgotten or overlooked. That which seems unimportant to the degree of becoming invisible is what attracts my attention. I am also interested in personal stories, lost objects, and events rather than in big historical processes that one can read about in so many books.

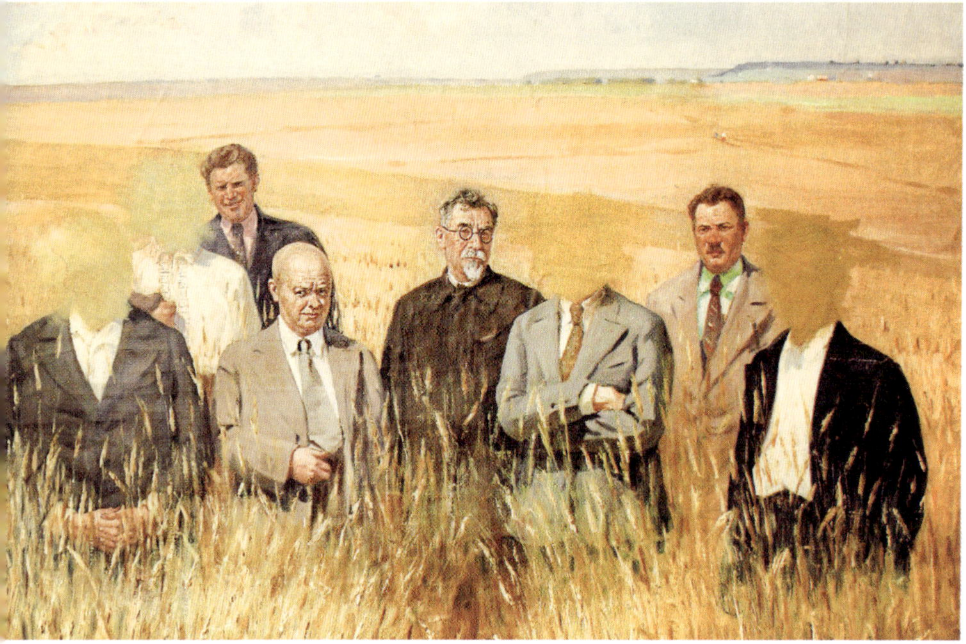

Yefim Cheptsov, *The Harvest Review*, 1937 (geschätztes Entstehungsjahr / estimated year of creation), Detail mit manipulierenden Interventionen / detail with manipulative interventions

die Identität einer Person. Die Wahrheit des Geschehenen ist, dass es in der Geschichte keine Wahrheit gibt. Deswegen nähere ich mich der Vergangenheit über in der Gegenwart gefundene Relikte, Fragmente, Kleinteile und Bruchstücke, die noch da, aber fast vergessen sind oder übersehen wurden. Das, was so unwichtig erscheint, dass es unsichtbar wird, ist das, was meine Aufmerksamkeit erregt.

Mich interessieren persönliche Geschichten, verlorene Gegenstände und Vorkommnisse auch mehr als die großen historischen Prozesse, von denen man in so vielen Büchern liest.

DP Im Mittelpunkt deiner Ausstellung *Seeing Without Light* steht die soziale Performance *Blindstrom*, die im Frühling 2022 im Nationalen Kunstmuseum der Ukraine gezeigt werden sollte, was durch die russische Großinvasion unmöglich gemacht wurde. In diesem Projekt arbei-

DP At the heart of your exhibition *Seeing Without Light* will be the social performance *Blindstrom* that was supposed to be shown at the National Art Museum of Ukraine in spring 2022, which was made impossible by Russia's full-scale invasion. In this project, you work with the special secret collection assembled in this museum from 1937 to 1939 and intended to be destroyed. Works were censored and taken from museums all over Ukraine and brought to Kyiv. Many of the artists were imprisoned or killed. What artistic form did you find to deal with these traumatic and violent historical events? It is also interesting to note the parallel between the "special collection" formed in the late 1930s and the current "special operation", as Russia calls its full-scale invasion of Ukraine.

NKL *Blindstrom* is formally an installation and a performance for which I took a closer look at the museum's strategies of showing or not showing – the display and mediation of artworks. That was the raw material I worked with: historical canvasses, their conditions, and damages, and it also offered me the key to decon-

test du mit der geheimen Spezialsammlung, die von 1937 bis 1939 in diesem Museum zusammengetragen wurde, um vernichtet zu werden. Die Werke wurden zensiert, aus Museen in der ganzen Ukraine entwendet und nach Kyjiw gebracht. Viele der Künstler*innen wurden ermordet oder kamen ins Gefängnis. Welche künstlerische Form hast du gefunden, um diese traumatischen und gewalttätigen historischen Ereignisse zu behandeln? Es ist interessant, die Parallele zwischen der „Spezialsammlung" zu beobachten, die in den späten 1930er-Jahren zusammengetragen wurde, und der aktuellen „Spezialoperation", wie die Großinvasion in die Ukraine von Russland genannt wird.

NKL *Blindstrom* ist ausdrücklich eine Installation und eine Performance, für die ich mich näher mit den Museumsstrategien des Zeigens oder Nichtzeigens beschäftigt habe – der Ausstellung und Vermittlung von Kunstwerken. Das war das Rohmaterial, mit dem ich gearbeitet habe, historische Leinwände, ihr Zustand und die Schäden, und es bot mir auch den Schlüssel zur Dekonstruktion einiger Strategien zur Präsentation oder des Sichtbarmachens. Ich arbeitete mit der *Spezfond* genannten, geheimen Sammlung, die Werke enthielt, die auf Anweisung des Sowjetregimes zerstört werden sollten. Der Grund, warum sie noch besteht, ist, dass der NKWD und die Truppen der Roten Armee aus Kyjiw vor dem Einmarsch der deutschen Truppen flohen, die dann die Kunstwerke plünderten. Einige Jahre lang haben wir in mehreren Archiven an verschiedenen Orten gesucht. Wir deckten verborgene und verdrängte Geschichten hinter den kunsthistorischen Werken auf; wir entdeckten faszinierende Informationen über die Künstler*innen, Lehrenden und Studierenden der Kunstakademie in Kyjiw. Merkmal dieser Kunstwerke ist, dass sie alle schwer beschädigt sind oder zumindest unsachgemäß behandelt wurden; sie haben offenbare Misshandlung erfahren oder Zerstörungen erlitten; sie waren der Feuchtigkeit oder physischen Einwirkungen ausgesetzt;

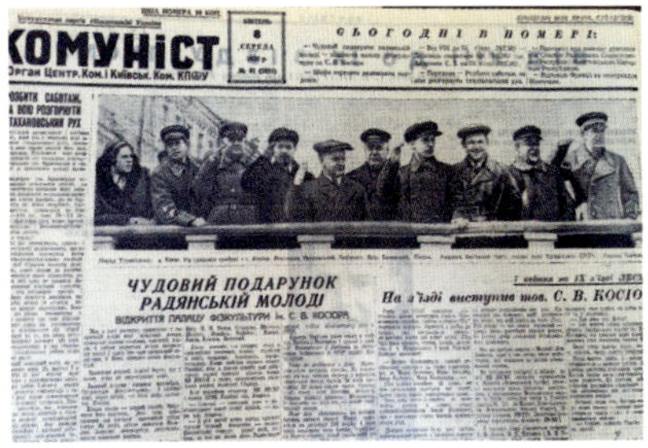
КОМУНІСТ
СЬОГОДНІ В НОМЕРІ:
ЧУДОВИЙ ПОДАРУНОК РАДЯНСЬКІЙ МОЛОДІ

Die Protagonisten in Cheptsovs Erntebild auf dem Deckblatt der Zeitung der Kommunistischen Partei vom 8. April 1936 / The protagonists in Cheptsov's harvest picture on the cover of the Communist Party newspaper of April 8, 1936

structing some strategies of showing or rendering visible. I worked with the museum's secret collection called the *Spezfond*, which contains works of art that were supposed to be destroyed by the Soviet regime. We researched various archives at different places in Ukraine over several years. We revealed hidden and suppressed stories behind historical artworks; we discovered fascinating information about the artists, professors, and students from the art academy in Kyiv. What characterizes these artworks is that they were heavily damaged or just treated poorly; they suffered from obvious mishandling and even destruction; they were exposed to humidity and physical impacts; some paintings show traces of heavy manipulations and chemicals that were poured on the paint. Paintings in the *Spezfond* were either considered part of the avant-garde movement – mainly formalism – or the artist got under suspicion or was considered an unwanted person, or they depicted a person declared to be a suspect or an unwanted person. I got interested in the material traces that indicated all these political stories behind the canvasses.

My intervention focused on reproducing all the details of the damages as reliefs on black panels that did not show but made the traces tactile.

These traces are like stigmata of arbitrary aggressions and violence similar to what happened to Ukrainians during this time. The black

einige Gemälde zeigten Spuren von erheblichen Eingriffen und von über die Bildfläche gegossenen Chemikalien. Gemälde im *Spezfond* galten entweder als Teil der Avantgarde-Bewegung – hauptsächlich des Formalismus – oder der oder die Urheber*in waren verdächtig oder galten als unerwünschte Person, oder es war jemand auf den Gemälden dargestellt, der oder die als verdächtig oder unerwünscht galt. Mich interessierten die materiellen Spuren, die auf all diese politischen Geschichten hinter den Leinwänden verwiesen.

Mein Beitrag konzentrierte sich auf die Reproduktion aller einzelnen Schäden als taktiles Relief auf schwarzen Tafeln, die einen die Spuren nicht sehen, sondern fühlen ließen.

Diese Spuren sind wie Stigmata willkürlicher Aggression und Gewalt und ähneln dem, was den Ukrainer*innen seinerzeit widerfuhr. Die schwarzen Tast-Tafeln zeigen nicht viel, doch die Leute können sie anfassen und versuchen zu fühlen, was geschah. In der Ukraine, wo wir die Arbeit wegen der russischen Großinvasion nicht wie geplant zeigen konnten, wollte ich die taktilen schwarzen Tafeln und die Originale nebeneinanderstellen. In Deutschland hielt ich es für überzeugender, die historischen Artefakte nicht zu zeigen und nachdrücklicher zu betonen, dass in Deutschland Fehlinformationen über die Ukraine immer noch einen starken Einfluss auf die Wahrnehmung des Landes und seiner Geschichte haben.

Die unterdrückten Geschichten hinter den Leinwänden werden von sehbeeinträchtigten oder blinden Vermittler*innen erzählt, die die Besucher*innen durch die Ausstellung führen. Sie werden über das sprechen, was niemand sehen kann, und das Publikum in eine andere Art des Sehens einführen: eine klare Sicht mit geschlossenen Augen, wie wir es von der Figur der Justitia mit verbundenen Augen kennen, die sich vor Täuschungen schützt. Das macht *Blindstrom* zu einer Art Schlüssel zu der Ausstellung *Seeing Without Light*.

tactile panels do not show much, but people can touch them and try to feel what was going on. In Ukraine, where we could not show the work as planned due to Russia's full-scale invasion, I wanted to place the tactile black panels and the originals next to each other. In Germany, I felt it would be stronger to not show the historical artifacts and put stress on the fact that in Germany, disinformation about Ukraine still has a strong impact on shaping how the country and its history are perceived.

The suppressed stories behind the canvasses are told by mediators with visual impairments guiding visitors through the exhibition. They will talk about the things that no one can see and introduce the public to a different way of seeing: a clear view with closed eyes as we know it from the figure of Justitia with folded eyes who protects herself from illusions. This makes *Blindstrom* a kind of key to the exhibition *Seeing Without Light*.

DP In the 1900s to 1930s, Ukraine experienced a flourishing cultural period. The art academy in Kyiv was founded in 1917. It was a very prominent space with a lot of freedom, great artists as professors as well as students. New European movements emerged or found fertile ground there, such as boichukism, futurism, and suprematism. The latter's connection to Ukraine was appropriated by the Russian avantgarde. The establishment of the *Spezfond* in the late 1930s was a massive, violent interruption of these very dynamic cultural developments. We can see a parallel to this in Ukraine today. Many unresolved issues from the 1930s still affect our behavior, our culture today, in addition to the Soviet heritage. We carry this in us, in our institutions, in our educational system. At the same time, since 2014, we have been fighting a new violent destruction of the Ukranian culture which has formed over the last 30 years of Ukrainian independence. Another work in which you speak about Ukrainian history is *Bud'mo*. It is a new multimedia installation especially commissioned for the exhibition at Hamburger Bahnhof, which is not only

about Ukrainian and Soviet history but also about the relationship between Germany and Ukraine that has deep roots in the 17th and 18th centuries. There were a lot of economic connections, people were traveling, artists were very active between Berlin, Kyiv and other big cities in the 1920s. But we also know that there is a dark history connecting the two countries in the 20th century. Where does the *Bud'mo* project take us?

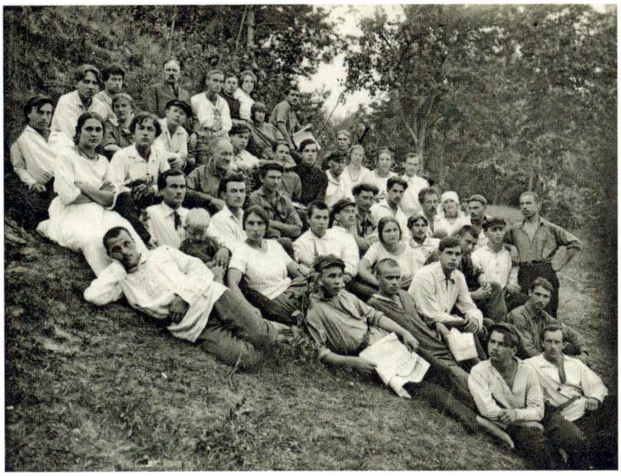

Studierende der Kyjiwer Kunstakademie / Students of the Kyiv Art Academy

DP In den 1900er- bis 1930er-Jahren erlebte die Ukraine eine kulturelle Blütezeit. Die Kunstakademie in Kyjiw wurde 1917 gegründet. Sie war ein sehr prominenter Ort mit viel Freiheit und bedeutenden Künstler*innen als Lehrende wie als Studierende. Neue europäische Bewegungen wie Boychukismus, Futurismus und Suprematismus, dessen Verbindung zur Ukraine später von der russischen Avantgarde vereinnahmt wurde, entstanden dort. Die Einrichtung des *Spezfond* in den späten 1930er-Jahren war eine massive, gewaltsame Unterbrechung dieser sehr dynamischen kulturellen Entwicklungen. Derzeit können wir eine Parallele in der Ukraine sehen. Neben dem sowjetischen Erbe wirken sich viele ungelöste Probleme aus den 1930er-Jahren immer noch auf unser Verhalten, auf unsere Kultur heute aus. Wir tragen dies in uns, in unseren Institutionen, in unserem Bildungssystem. Gleichzeitig bekämpfen wir seit 2014 eine neue gewaltsame Zerstörung der in den letzten dreißig Jahren der Unabhängigkeit der Ukraine entstandenen ukrainischen Kultur. Eine weitere Arbeit, in der du über die ukrainische Geschichte sprichst, ist *Bud'mo*. Es handelt sich um eine neue Multimediainstallation, die speziell für die Ausstellung im Hamburger Bahnhof in Auftrag gegeben wurde. Dabei geht es nicht nur um ukrainische und sowjeti-

NKL It takes us into the midst of the most tragic episode of German-Ukrainian history, namely the Second World War. During this dark time, Ukrainian Jews, citizens, and other ethnical groups were killed by Germans; and no less died through the Soviet terror of Holodomor, the forced famine, and the massacres of Ukrainian partisans and dissidents. Other than post-war (West-)Germany, the Soviet propaganda did not talk about their crimes. They concentrated on a small group of so-called collaborators and pretended that they were representative of the whole Ukrainian resistance. The denial of a Ukrainian independence movement and the defamation of nationalists as fascists, which is not to say that there were no Ukrainian collaborators – a historical fact that is increasingly investigated – led to the narrative that the Red Army liberated Ukraine from German and Ukrainian fascism. Unfortunately, this storytelling has been successful until today. The fact is, collaborators existed mostly from the Soviet point of view. From a Ukrainian perspective, there were just two enemies – an old one, the Soviets, and a new enemy, the Nazis. It was very different from the collaboration of, for example, the Vichy regime in France. Another fact is that Ukraine had been colonized for centuries, and was always fighting for independence, let it be against, Poland, Lithuania, the Habsburg or Russian Empire, and so on. I would like to add a third fact as I feel that especially in Germany the Soviet narrative is still to be found in Holocaust memorials and public discourses: at the World Holocaust Remembrance Center Yad Vashem,

sche Geschichte, sondern auch um das Verhältnis zwischen Deutschland und der Ukraine, welches weit bis ins 17. und 18. Jahrhundert zurückreichende Wurzeln hat. Es gab viele wirtschaftliche Verbindungen, die Menschen reisten, Künstler*innen waren in den 1920er-Jahren zwischen Berlin, Kyjiw und anderen großen Städten tätig. Doch wir wissen auch, dass es eine dunkle Geschichte gibt, die beide im 20. Jahrhundert Länder verbindet. Wohin führt uns das *Bud'mo*-Projekt?

NKL Es führt uns mitten hinein in die tragischste Episode der deutsch-ukrainischen Geschichte, nämlich in den Zweiten Weltkrieg. In dieser dunklen Zeit wurden ukrainische Juden, Bürger*innen und weitere ethnische Gruppen von den Deutschen ermordet; und kaum weniger Menschen starben durch den sowjetischen Terror des Holodomor, der aufgezwungenen Hungersnot, sowie die Massaker an ukrainischen Partisanen und Dissidenten. Anders als das (West-)Deutschland der Nachkriegszeit sprach die sowjetische Propaganda nicht über ihre Verbrechen. Sie konzentrierte sich auf eine kleine Gruppe von sogenannten Kollaborateuren und tat so, als wären sie repräsentativ für den ganzen ukrainischen Widerstand. Die Leugnung der ukrainischen Unabhängigkeitsbewegung und die Diffamierung der Nationalisten als Faschisten – was nicht bedeutet, dass es keine Kollaborateure gab: ein historischer Fakt, der weiter erforscht wird – führte zu dem Narrativ, dass die Rote Armee die Ukraine vom deutschen und ukrainischen Faschismus befreit habe. Leider hat sich dieses Narrativ bis heute gehalten. Tatsache ist, dass es Kollaborateure vor allem aus sowjetischer Sicht gab. Aus ukrainischer Sicht gab es lediglich zwei Feinde – einen alten, die Sowjets, und einen neuen, die Nazis. Das war etwas ganz anderes als beispielsweise die Kollaboration des Vichy-Regimes in Frankreich. Eine weitere Tatsache ist, dass die Ukraine über Jahrhunderte kolonialisiert war und immer für ihre Unabhängigkeit gekämpft hat, sei es gegen Polen, Litauen, das Habsburger- oder das Russische Reich und so weiter. Ich

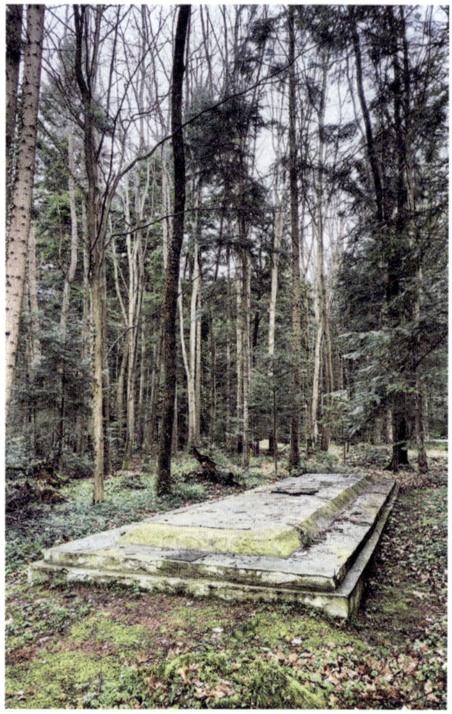

Grabstein für ein Massengrab an der Jüdischen Gedenkstätte in Bronitskyi Lis nahe Drohobych / Tombstone for a mass grave at the Jewish memorial site at Bronitskyi Lis close to Drohobycz

the people of Ukraine are listed as number four among the "Righteous of Nations" who took great risks to save Jews during the Holocaust. There is no more to say. *Bud'mo* goes back to places where Ukrainian Jews, Tartars, Roma, Hutsuls, communists, nationalists, peasants, partisans, students, and other citizens, no matter what their origins, were massacred by the Germans or Soviets.

DP *Bud'mo* takes us to the Ukrainian forest area Chornyi Lis, where the Soviets and Germans were stationed during the Second World War. My grandparents told me that during the Second World War, both the Soviet and the German armies were present in their villages, and both were violent to locals. Ukrainians always understood themselves as separate because the whole myth of the Soviet Union being a united nation, a brotherhood of equality and protection, was just false propaganda, which still prevails. Can you tell us more about the place where *Bud'mo* is set?

würde gern noch eine dritte Tatsache hinzufügen, da ich das Gefühl habe, dass vor allem in Deutschland das sowjetische Narrativ immer noch in Holocaust-Gedenkstätten und im öffentlichen Diskurs zu finden ist: Im World Holocaust Remembrance Center Yad Vashem sind die Ukrainer*innen als Nummer vier unter den „Gerechten der Nationen“ aufgeführt, die während des Holocausts große Risiken auf sich nahmen, um Juden und Jüdinnen zu retten. Mehr gibt es dazu nicht zu sagen. *Bud'mo* geht zurück auf Orte, wo ukrainische Juden und Jüdinnen, Tartar*innen, Roma, Hutsul, Kommunist*innen, Nationalist*innen, Landbewohner*innen, Partisan*innen, Student*innen und andere Bürger*innen, ganz gleich, woher sie kamen, von den Deutschen oder den Sowjets ermordet wurden.

DP *Bud'mo* führt uns in das Waldgebiet von Chornyi Lis in der Ukraine, wo die Sowjets und die Deutschen während des Zweiten Weltkriegs stationiert waren. Meine Großeltern erzählten mir, dass während des Zweiten Weltkriegs sowohl die sowjetische als auch die deutsche Armee in ihren Dörfern präsent waren und beide gewalttätig gegenüber den Einheimischen waren. Die Ukrainer*innen verstanden sich immer als abgespalten, weil der ganze Mythos von der Sowjetunion als vereinte Nation, einer Bruderschaft von Gleichheit und Schutz, nur falsche Propaganda war, die noch immer vorherrscht. Kannst du uns mehr über den Ort erzählen, von dem *Bud'mo* handelt?

NKL Wir sind in dem als Galizien bekannten westlichen Teil der Ukraine, wo wir in zwei schönen Wäldern mit majestätischen Bäumen filmten. Als erstes in Chornyi Lis, einem Ort, der auch als der Partisanenwald bekannt ist, in dem sich die Partisanen nach dem Zweiten Weltkrieg vor der Sowjetarmee versteckten. Ab und an liefen Bauern und Verwandte aus der nahe gelegenen Stadt Stanislawiw, heute Iwano-Frankiwsk, im Wald umher und warfen Lebensmittel ab. Der Wald liegt nicht weit von

NKL We are in the Western part of Ukraine known as Galicia where we filmed in two beautiful forests with majestic trees. The first place was Chornyi Lis also known as the partisan forest where partisans hid from the Soviet Army after the Second World War. From time to time, peasants and relatives from the nearby city Stanislaviv, today Ivano-Frankivsk, walked in the forest and dropped food. The forest is close to Demjaniv Las, a place where the NKVD executed more than 500 people and buried them in a mass grave. The second location is a forest called Bronetsky Lis close to Drohobych, where the German Wehrmacht and the SS massacred and buried more than thirty thousand Jewish citizens, almost half of the Drohobych population. For me, *Bud'mo* is a new way of using video in an immersive and performative installation. We filmed a slow camera ride through the forest, with the camera pointing at a 90-degree angle towards the sky. In the installation, we project the image onto the floor, and the visitors will walk over it as if they were walking through a forest.

They look down to see the forest unfold underneath their feet, yet while doing so, they look into the sky. It is the typical gesture of commemoration, eyes cast down, but they see what someone would see if they looked up into the sky.

The switch of perspective and the projection onto the floor started with two associations that I wanted to bring together – death and birth, like the life of a phoenix. On the one hand, it could be the perspective, the last glimpse of a fallen soldier or civilian. The last thing they would see would be tree crowns and sky. Yet it is also the perspective of a newborn lying on its back for the first months of its life, which is the very period when sight develops and babies discover the world and nature. *Bud'mo* is about this synchronicity of death and birth, the cycle of life. It is also about the worst of humankind

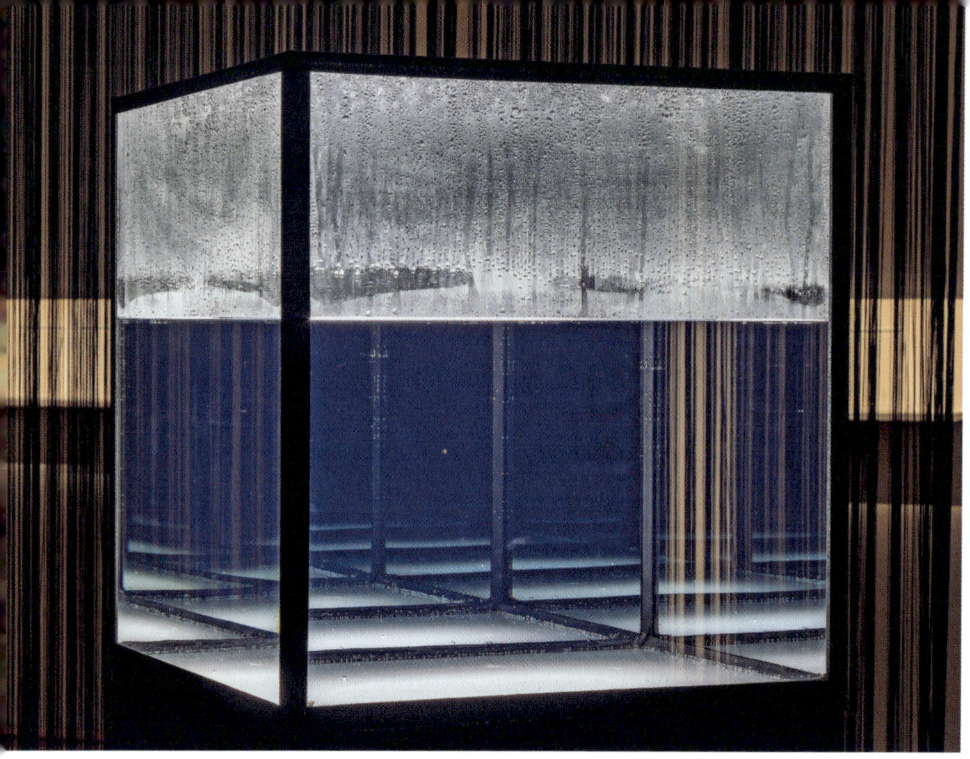

Nadia Kaabi-Linke, *Squeezed in Infinity I*, 2022, 70 × 70 × 195 cm, Glas, Wasser, Faserplatte, Licht / glass, water, fibreboard, light

Demjaniw Las, einem Tal, in dem der NKWD mehr als fünfhundert Menschen exekutierte und in einem Massengrab verscharrte. Die zweite Stelle ist ein Wald namens Bronetsky Lis in der Nähe von Drohobytsch, wo die deutsche Wehrmacht und die SS mehr als dreißigtausend Juden ermordeten und begruben, fast die Hälfte der Bevölkerung von Drohobytsch. *Bud'mo* ist für mich ein neuer Weg, Video in einer immersiven und performativen Installation einzusetzen. Wir haben eine langsame Fahrt durch den Wald gefilmt, die Kamera war um 90 Grad nach oben gen Himmel gerichtet. In der Installation projizieren wir das Bild auf den Boden, und die Besucher*innen laufen über das Bild wie durch einen Wald. Sie schauen nach unten, um zu sehen, wie sich der Wald unter ihren Füßen ausbreitet, doch während sie hinunterschauen, blicken sie in den Himmel. Es ist eigentlich die typische Haltung des Gedenkens, die Augen nach unten zu senken, doch nun sehen sie, was jemand beim Blick in den Himmel sehen würde. Der Perspektivwechsel und die Projektion auf den Boden war von zwei Assoziationen initiiert, die ich zusammenführen wollte – Tod und Geburt, wie das Leben eines Phönix.

and the most tender gift of nature, the woods where some hid their crimes and others sought shelter.

DP The striving for dominance that finds its expression in wars can also be understood as the idea of conquering nature – resulting in technogenic catastrophes all over the world, such as the willfully destroyed Kakhovka dam on the Dnipro river. In works such as *Squeezed in Infinity I* or *Kula*, you also speak about how we as human beings are related to the environment and how it affects us. Do you think it is possible to imagine a world built on compassion, circular economy and political unity, or are we too tied to ideas of separation, power and control?

NKL It might sound naive to say, but yes, I believe in the best of humankind. We often hear that war, greediness, and the struggle for power belong to human nature. That might be true, but in the past, there were some tipping points when people started to learn from their mistakes. Our brains and souls offer a lot of possibilities that we are not used to using yet.

Einerseits könnte es die Perspektive, der letzte Blick eines gefallenen Soldaten oder Zivilisten sein. Das Letzte, was sie sehen würden, wären die Baumwipfel und der Himmel. Es ist aber auch die Perspektive eines Neugeborenen, das in den ersten Monaten seines Lebens auf dem Rücken liegt; genau die Phase, in der sich das Sehvermögen entwickelt und Säuglinge die Welt und die Natur entdecken. *Bud'mo* handelt von dieser Gleichzeitigkeit von Leben und Tod, dem Zyklus des Lebens.

Es handelt aber auch vom Schlimmsten der Menschheit und dem zartesten Geschenk der Natur, den Wäldern, in denen einige ihre Verbrechen verbargen und andere Schutz suchten.

DP Das Streben nach Dominanz, das sich in Kriegen ausdrückt, kann auch als Idee von der Eroberung der Natur verstanden werden – was zu technogenen Katastrophen auf der ganzen Welt führt, wie etwa dem mutwillig zerstörten Kachowka-Staudamm am Fluss Dnipro. In Werken wie *Squeezed in Infinity I* oder *Kula* thematisierst du auch, wie wir als Menschen mit der Umwelt verbunden sind und wie sie uns beeinflusst. Glaubst du, dass eine Welt, die auf Mitgefühl, Kreislaufwirtschaft und politischer Geschlossenheit beruht, vorstellbar ist oder sind wir zu sehr in den Vorstellungen von Trennung, Macht und Kontrolle gebunden?

NKL Es mag naiv klingen, aber ja, ich glaube an das Gute im Menschen. Oft heißt es, die menschliche Natur sei Krieg, Habgier und Machtkämpfe. Das mag stimmen, doch gab es in der Vergangenheit einige Wendepunkte, an denen die Menschen begannen, aus ihren Fehlern zu lernen. Unser Verstand und unsere Seele bieten eine Vielzahl an Möglichkeiten, mit deren Nutzung wir noch nicht vertraut sind.

Anyway, we carry it in us; evolution made us the smartest idiots on Earth, and apparently, it must come to the point where our existence is at stake for us to notice that.

I am optimistic because our species has proven several times that it knows how to survive. Yet the question remains whether this will bring us closer to a world of compassion, solidarity, and unity, or we will fall apart into distinct groups where minorities try to escape the climate tragedy with irrational destinations such as Mars or Io. I recently showed *Ad Astra* (2023), a work that questions this kind of adventurous attitude, in Essen, which lies in a region that was reborn after the end of coal mining. In *Kula* and *Squeezed in Infinity I*, I speak about survival, illusions, and urgencies concerning our behavior towards climate change and the scarcity of factually life-guaranteeing resources such as time, air, and water.

DP You speak about ancestors in two of your works shown in the exhibition, *Everything I Wanted to Tell You* (2013) and *Fatima* (2010), which you dedicated to your grandmother and the women of her generation. My grandmother, who was almost 94 years old, died in exile in 2022. It was the first time in her life that she left Ukraine, and it was a difficult experience for her due to the emo-

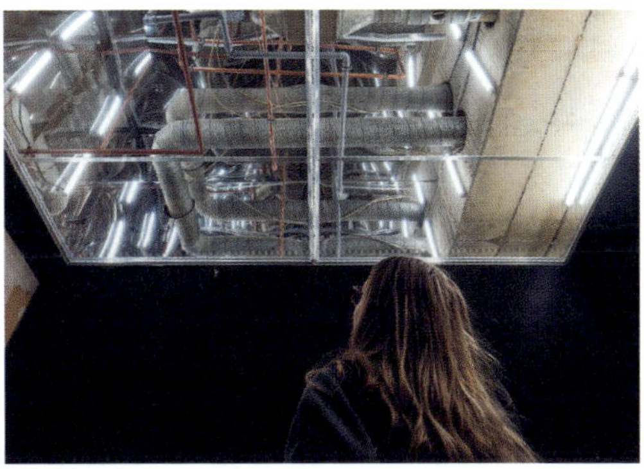

Nadia Kaabi-Linke, *Ad Astra*, 2023, Maße variabel / dimensions variable, ortsbezogene Installation / site-specific installation, Ausstellungsansicht / installation view Urbane Künste Ruhr, 2023

Jedenfalls tragen wir es in uns; die Evolution hat uns zu den klügsten Idioten der Erde gemacht und offenbar muss es erst zu dem Punkt kommen, an dem unsere Existenz auf dem Spiel steht, damit wir das zur Kenntnis nehmen.

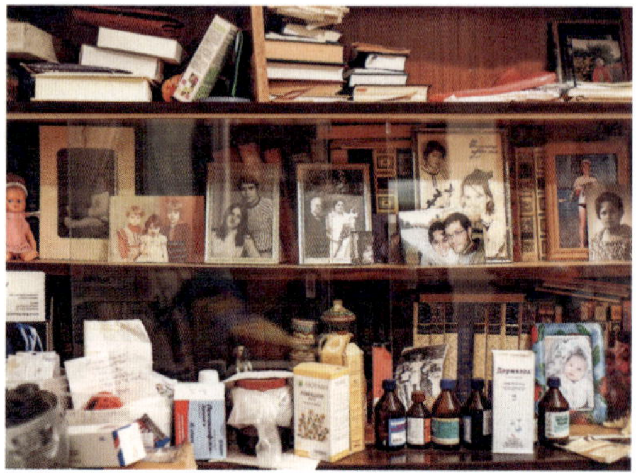

Großmutters Vitrine / Grandmother's showcase

Ich bin optimistisch, denn unsere Spezies hat schon mehrfach bewiesen, dass sie weiß, wie sie überlebt. Doch bleibt die Frage, ob uns dies einer Welt des Mitgefühls, der Solidarität und Einheit näherbringt oder ob wir uns in gesonderte Gruppen aufteilen, in denen Minderheiten der Klimatragödie mit irrationalen Zielen wie dem Mars oder der Io zu entkommen versuchen. Vor Kurzem habe ich *Ad Astra* (2023) – eine Arbeit, die diese risikofreudige Haltung infrage stellt – in Essen gezeigt, das in einer Region liegt, die nach dem Ende der Kohleförderung eine Wiedergeburt erlebte. In *Kula* und *Squeezed in Infinity I* erzähle ich vom Überleben, von Illusionen sowie Notwendigkeiten hinsichtlich unseres Verhaltens in Bezug auf den Klimawandel und der Verknappung von tatsächlich lebenssichernden Ressourcen wie Zeit, Luft und Wasser.

DP In zwei deiner in der Ausstellung gezeigten Arbeiten, *Everything I Wanted to Tell You* (2013) und *Fatima* (2010), sprichst du von deinen Vorfahren. Beide Arbeiten hast du deiner Großmutter und den Frauen ihrer Generation gewidmet. Meine Großmutter, die fast 94 Jahre alt wurde, starb 2022 im Exil. Zum ersten Mal in ihrem Leben verließ sie die Ukraine, und die emotionale und physische Trennung von ihrer Familie, ihrem Heimatland, war eine schwierige Erfahrung für sie.

Mir wurde klar, dass sich das Leben meiner Großmutter über fast ein Jahrhundert ukrainischer Geschichte erstreckte, und sie war Zeugin vieler historischer Ereignisse. Obwohl ihr Leben mehrfach bedroht war, hat sie, wie viele andere

tional and physical separation from her family, her homeland. It dawned on me that my grandmother's life had spanned almost one hundred years of Ukrainian history and she witnessed countless historical events. Despite facing multiple threats to her life, she, like many other women, persevered and survived. Her story is one of female resilience – building a life, growing a garden, and taking care of her family. I am curious about your relationship with your ancestors. I know that your mother's side is from Ukraine and your father's side is from Tunisia. Did your grandparents ever leave anything unsaid that you wish they had shared with you?

NKL In *Everything I Always Wanted to Tell You* (2013), I take the perspective of the grandparents as a couple who left this world with their individual traumas and secrets, despite a shared life. How many things would have been easier for them if they had had the courage to speak out? How different would their life have been, and how much more could they have learned from each other? The work is made of grey hair, casting shadows in the geometry of lines and squares on a blank page that is reminiscent of an empty diary. It is a symbol of growing old together; one can leave the pages empty or fill in shared experiences.

I had a good relationship with my grandparents, it was particularly tender and loving with my Ukrainian grandfather. We used to spend hours speaking about all the books he read, his childhood, but mostly about his resist-

Frauen auch, durchgehalten und überlebt. Ihre Geschichte ist eine Geschichte der weiblichen Widerstandskraft – sie baute sich ein Leben auf, legte einen Garten an und kümmerte sich um ihre Familie. Ich bin neugierig auf deine Beziehung zu deinen Vorfahren. Ich weiß, dass deine Mutter aus der Ukraine und dein Vater aus Tunesien stammen. Haben deine Großeltern jemals etwas ungesagt gelassen, das du gerne mit ihnen geteilt hättest?

NKL In *Everything I Always Wanted to Tell You* (2013) nehme ich die Perspektive der Großeltern als Paar ein, die diese Welt trotz eines gemeinsamen Lebens mit ihren individuellen Traumata und Geheimnissen verlassen haben.

Wie viele Dinge wären einfacher für sie gewesen, wenn sie den Mut gehabt hätten, offen zu sprechen? Wie anders wäre ihr Leben verlaufen und wie viel mehr hätten sie voneinander lernen können? Die Arbeit besteht aus grauem Haar, das eine Geometrie aus Linien und Quadraten als Schatten auf eine unbeschriebene Seite wirft, die an ein leeres Tagebuch erinnert. Es ist das Symbol für das gemeinsame Älterwerden, man kann die Seiten leer lassen oder sie mit gemeinsamen Erfahrungen füllen.

Ich hatte ein gutes Verhältnis zu meinen Großeltern, besonders zärtlich und liebevoll war es zu meinem ukrainischen Großvater. Stundenlang sprachen wir über all die Bücher, die er las, seine Kindheit, vor allem aber über seinen Widerstand gegen die deutschen Besatzer. Ich kannte alle Einzelheiten darüber, wie er die Invasion erlebt hatte. Weil er sehbeeinträchtigt war, konnte er nicht zur Roten Armee und blieb in Kyjiw. Um zu überleben, musste er einiges an Strategien entwickeln und erzählte oft davon. Doch weder er noch sonst jemand in der Familie sprach über den Holodomor, die von Stalin inszenierte, künstliche Hungersnot, der drei Millionen Ukrainer*innen zum Opfer fielen. Sie erzählten mir, dass ihnen dies sehr nahegingund dass dies die schlimmste Zeit ihres Lebens war trotz des Terrors der deutschen Besatzung und der Massenmorde wie der im nahen Babyn Yar.

ance against the German occupants. I knew all the details of how he survived the invasion. He stayed in Kyiv since he was not able to join the Red Army as he was visually impaired. He had to develop some strategies to survive, and he told a lot of stories about it. But neither he nor anyone else in the family ever talked about Holodomor, the artificial famine caused by Stalin that killed three million in Ukraine. They told me that they were deeply affected and that it was the worst time of their lives despite the terror of the German occupation and massacres such as in the close-by Babyn Yar. But they never talked about it in more detail. There is scientific reasoning to assume that this kind of traumatic experience can affect the genes and be passed on to descendant generations. Here, we are back to how the past can affect our present.

Traumas, violence, periods of scarcity, hunger, and fears for the future cannot only shape our behavior here and now, but they can also affect the attitude of future generations.

The only way to break this cycle is to start talking about it. That makes *Everything I Always Wanted to Tell You* a work about releasing all this pain that was given to me unconsciously by my parents and grandparents through their silence, taboo, and invisibility. It is not that if we do not talk about things, they do not exist and do their work. Things get even more pressing when they are ignored or avoided.

Fatima is a tribute to my Tunisian grandmother. It carries her name. My generation grew up in an open-minded and liberal family, yet the generation of my grandmother was the opposite. It feels like I am still carrying unconscious scars of her torments in life. In the Islamic world, the hand that symbolizes protection and healing is named after the hand of Fatima, the prophet's daughter. Bringing together the myth of Fatima with the life of my Tunisian grandmother through the symbol of the protective hand pays tribute to the fact that we do not only inherit traces of suffering. The earlier generations also

Näher gingen sie darauf jedoch nie ein. Es gibt wissenschaftliche Gründe, davon auszugehen, dass diese Art von traumatischer Erfahrung Einfluss auf die Gene hat und an nachfolgende Generationen weitervererbt werden kann. Wir sind damit wieder bei dem Punkt, wie die Vergangenheit unsere Gegenwart beeinflusst.

Traumata, Gewalt, Zeiten des Mangels, des Hungers und der Zukunftsängste können nicht nur unser Verhalten im Hier und Jetzt prägen, sondern auch auf die Haltung zukünftiger Generationen einwirken.

Der einzige Weg, diesen Fortlauf zu unterbrechen, ist, endlich darüber zu reden. So wird *Everything I Always Wanted to Tell You* zu einer Arbeit, in der es darum geht, all diesen Schmerz loszulassen, der mir unbewusst von meinen Eltern und Großeltern durch ihr Schweigen, ihr Tabu und ihr In-Deckung-Gehen weitergegeben wurde. Es ist nicht so, dass dies alles nicht existieren und seinen Schaden anrichten würde, wenn wir nicht darüber sprechen. Verleugnetes und Verdrängtes machen alles nur noch schlimmer.

Fatima ist eine Hommage an meine tunesische Großmutter und nach ihr benannt. Meine Generation wuchs zwar in einer aufgeschlossenen und liberalen Familie auf, doch die Familie meiner Großmutter war das Gegenteil. Ich habe das Gefühl, in mir noch immer unbewusste Narben ihres verfehlten Lebens zu tragen. In der Welt des Islams ist die Schutz und Heilung symbolisierende Hand nach Fatima, der Tochter des Propheten benannt. Den Mythos von Fatima mit dem Leben meiner tunesischen Großmutter durch das Symbol der schützenden Hand zusammenzubringen verdeutlicht, dass wir nicht nur Spuren des Leidens erben. Die früheren Generationen haben uns auch beschützt und vermittelten uns all die Dinge, die wir lernen konnten. Ich hatte das Gefühl, dass ich dafür auch dankbar sein sollte. Schließlich wurde *Fatima* zu einer Wür-

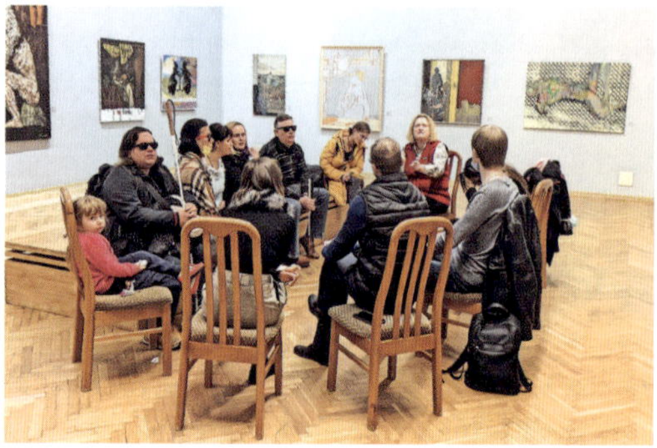

Treffen mit blinden und sehbeeinträchtigten Vermittler*innen im Nationalen Kunstmuseum der Ukraine in Kyjiw / Meeting with blind and visually impaired mediators at the National Art Museum of Ukraine in Kyiv

protected us and brought us all the things that we were able to learn. I felt that I should be grateful for that too. Finally, *Fatima* became a homage to the proximity of the Sacred and the Profane. It reconciled me with all the beauty of everyday life in El Kef, a mountain region in the North-West of Tunisia.

DP I have also come across this silence, especially among older generations. For me, it is important to hear their stories and know about the violence that they had to endure.

NKL You can only release the pain once you acknowledge that there is pain and damage. My work has to do with this process of unearthing and rediscovering pain, yet not for the sake of suffering but to turn around the shadowed side of one's memory and experience towards the light – the inner light, of course. It is always there, we have just to learn to see it. It is tough, but I believe this is what we are here for. It is our task, and also hard to solve on a personal level; it can be easier to do through talking to each other within a family or on a collective level. If we get to our feelings, there is less risk of falling for any narrative, myth, or a History with a capital H.

DP I want to go back to *Blindstrom* again. It is a social performance in which you collaborate with blind and visually impaired people and consists of three parts: first, there are works from the Spezfond, the special art collection of the National Art

digung der Nähe zwischen Heiligem und Profanem. Die Arbeit versöhnte mich mit der ganzen Schönheit des täglichen Lebens in El Kef, einer Bergregion im Nordwesten Tunesiens.

DP Ich bin auch auf dieses Schweigen gestoßen, vor allem bei den älteren Generationen. Für mich ist es wichtig, ihre Geschichten zu hören und von der Gewalt zu erfahren, die sie ertragen mussten.

NKL Man kann den Schmerz erst loslassen, wenn man anerkennt, dass es Schmerz und Schaden gibt. Meine Arbeit hat mit diesem Prozess des Ausgrabens und Wiederentdeckens von Schmerz zu tun, wenn auch nicht um des Leidens willen, sondern um die dunkle, verschattete Seite der eigenen Erinnerung und Erfahrung dem Licht zuzuwenden – selbstverständlich dem inneren Licht. Das ist immer da, man muss nur lernen, es zu sehen. Es ist hart, doch ich glaube, das ist es, wofür wir hier sind. Es ist unsere Aufgabe und auf der persönlichen Ebene auch schwer zu bewältigen; es kann leichter sein, indem man innerhalb der Familie oder dem Rahmen einer anderen Gruppe miteinander darüber spricht.

Wenn wir in Kontakt mit unseren Gefühlen kommen, ist das Risiko, auf irgendein Narrativ, einen Mythos oder eine Geschichtsschreibung hereinzufallen, geringer.

DP Ich möchte noch einmal auf *Blindstrom* zurückkommen. Es handelt sich um eine soziale Performance, bei der du mit sehbeeinträchtigten und blinden Menschen zusammenarbeitest und die aus drei Teilen besteht: Als Erstes sind da die Werke aus dem *Spezfond*, der speziellen Kunstsammlung des Nationalen Kunstmuseums der Ukraine, dann die taktilen Abdruckarbeiten, die du in der Auseinandersetzung mit dieser Sammlung gemacht hast, und dann die Vermittlung

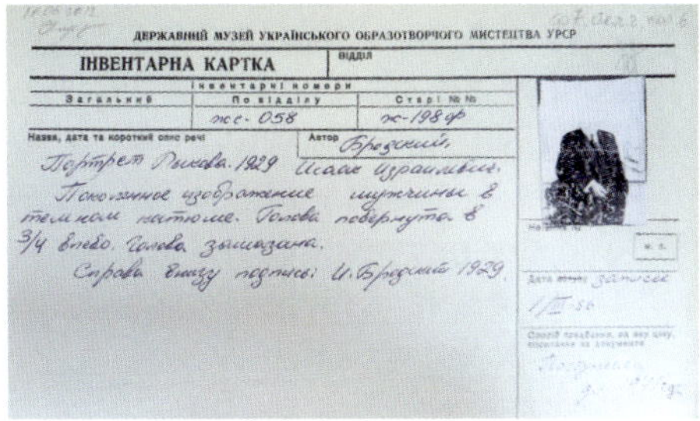
ДЕРЖАВНИЙ МУЗЕЙ УКРАЇНСЬКОГО ОБРАЗОТВОРЧОГО МИСТЕЦТВА УРСР
ІНВЕНТАРНА КАРТКА

Karteikarte zu Isaac Brodskys Gemälde *Portrait von Rykow* / index card of Isaac Brodsky's painting *Portrait of Rykov*

Museum of Ukraine, then the tactile prints which you created in dialog with this collection and then the mediation through guided tours by people with visual impairments who are telling the story that stays invisible – hidden behind the surface of the works that are not actually present. You have worked with members of the public for other social performances before, for example for the public artwork *Meinstein* (2011–2014) in Berlin or *Walk the Line* (2015) at Dallas Contemporary. Why did you ask people with visual impairments to mediate the hidden information of this dark period of history as well as the works themselves, which carry this history and the pain?

NKL It was an intuitive decision that was initially conceptual and rooted in my way of working with people in participatory art projects. I often find it interesting to turn a situation upside down, to switch the perspectives and facilitate a completely new view that allows for different and unexpected questions about our life, and maybe to shake or to doubt what is believed to be "reality" or "normality". Here, I got interested in conceiving an exhibition where the spectator used to seeing with their eyes comes into the space and is confronted with visually impaired or blind mediators describing artworks that are not present. They describe them visually so that the viewer gets an idea of what is represented. Which colors and shapes are there? They also tell the hidden and censored history of each painting. We usually think and believe that blind people need our help, which of course, is true, but in our exhibition, we need to rely on their knowledge to access the artwork.

durch die Führungen durch blinde und sehbeeinträchtigte Menschen, welche die unsichtbar bleibende Geschichte erzählen – verborgen hinter der Bildfläche der eigentlich abwesenden Werke. Du hast bereits für andere soziale Performances mit der Öffentlichkeit gearbeitet, beispielsweise für die öffentliche Arbeit *Meinstein* (2011–2014) in Berlin oder *Walk the Line* (2015) für Dallas Contemporary. Warum hast du sehbeeinträchtigte und blinde Menschen gebeten, die verborgene Information aus dieser dunklen Zeit der Geschichte zu vermitteln wie auch die Arbeiten selbst, die diese Geschichte und den Schmerz in sich tragen?

NKL Es war eine intuitive Entscheidung, die ursprünglich aber konzeptionell war und in meiner Art der Zusammenarbeit mit Menschen in partizipativen Projekten verankert ist. Ich finde es oft interessant, eine Situation auf den Kopf zu stellen, die Perspektiven zu vertauschen und eine völlig neue Sichtweise zu eröffnen, die andere und unerwartete Fragen über unser Leben zulässt, und das erschüttert oder bezweifelt, was für die „Realität" oder „Normalität" gehalten wird. Hier fand ich interessant, eine Ausstellung zu konzipieren, in welcher ein das Sehen mit eigenen Augen gewohntes Publikum den Raum betritt und mit sehbeeinträchtigten oder blinden Vermittler*innen konfrontiert ist, die Kunstwerke beschreiben, die gar nicht da sind. Sie beschreiben sie visuell, sodass der oder die Betrachter*in eine Vorstellung davon erhält, was dargestellt ist. Welche Farben und Formen gibt es da? Sie erzählen auch die verborgene und zensierte Geschichte eines jeden Bildes. Normalerweise denken und glauben wir, dass blinde Menschen unsere Hilfe brauchen, was selbstverständlich auch richtig ist, doch in unserer Ausstellung müssen wir uns auf ihr Wissen verlassen, um Zugang zum Kunstwerk zu erhalten.

Auf der anderen Seite können Besucher*innen mit Sehvermögen von den sehbeeinträchtigten und blinden Vermittler*innen einen anderen Zugang und eine andere Wahrnehmung der Welt lernen. Mich interessierte

On the other hand, sighted visitors can learn another approach and perception of the world from the guides with visual impairments. I got interested in this dialogue between not seeing and seeing that could open up an exchange of experiences and bring together people who usually would not meet since they walk in different ways through a shared world.

The title of the whole exhibition is inspired by this experience of seeing not with our eyes but with our hearts. It, again, is reminiscent of the meaningful metaphor of Justitia who tied her eyes to see the truth.

DP One could also paraphrase Audre Lorde, the American writer, feminist and civil rights activist, who said that your silence will not protect you, that it is important to open your eyes even in the darkness, for example during this historical moment in Ukraine, during the blackouts last winter, or any other crisis humanity is facing. My last question would be: what could be the role of art in today's world?

NKL Oh, I believe we would need another catalog to answer this last question. You know, I am always positively surprised by how spontaneously and creatively people react to my work. It means a lot to me to receive this kind of feedback. I have always learned from it, about the way how people see and understand art, but also about my own work. Thus – to make it short – I would say that I trust everyone to find their answer to this question, which could not possibly be less interesting and important than mine.

dieser Dialog zwischen Nichtsehen und Sehen, der einen Erfahrungsaustausch ermöglichen und Menschen zusammenbringen könnte, die sich normalerweise nicht begegnen würden, da sie auf unterschiedlichen Wegen durch eine gemeinsame Welt gehen.

Der Titel der ganzen Ausstellung ist von dieser Erfahrung inspiriert, nicht mit unseren Augen, sondern mit unseren Herzen zu sehen.

Er erinnert wiederum an die vielsagende Personifikation der Justitia, die sich die Augen verband, um die Wahrheit zu sehen.

> DP Man könnte auch Audre Lorde paraphrasieren, die amerikanische Schriftstellerin, Feministin und Bürgerrechtlerin, die meinte, dass dein Schweigen dich nicht schützen wird, dass es wichtig ist, deine Augen auch in der Dunkelheit zu öffnen, zum Beispiel in diesem historischen Moment in der Ukraine, während der Stromausfälle im letzten Winter oder jeder anderen Krise, mit der die Menschheit konfrontiert ist. Meine letzte Frage wäre: Welche Rolle könnte die Kunst in der heutigen Welt spielen?

NKL Um diese letzte Frage zu beantworten, bräuchten wir, glaube ich, noch einen weiteren Katalog. Weißt du, ich bin immer positiv überrascht, wie spontan und kreativ Menschen auf meine Arbeit reagieren. Mir bedeutet es sehr viel, ein solches Feedback zu bekommen. Ich habe daraus immer gelernt, über die Art, wie Menschen Kunst sehen und verstehen, aber auch über meine eigene Arbeit. Also – um es kurz zu machen – würde ich sagen, dass ich jedem zutraue, seine oder ihre eigene Antwort auf diese Frage zu finden, die möglicherweise nicht weniger interessant und wichtig sein könnte als meine.

Weiterführende Literatur / Further Reading

Bazdyrieva Asia, „No Milk, No Love" in: e-flux journal 127 (2022), www.e-flux.com/journal/127/465214/no-milk-no-love/, zuletzt abgerufen am 23. August 2023 / last accessed on August 23, 2023

Aleksandra Konarzewska, Schamma Schahadat & Nina Weller (Hg. / ed.), *„Alles ist teurer als ukrainisches Leben": Texte über Westsplaining und den Krieg*, Flugschrift, Berlin: Edition.fotoTAPETA, 2023.

Serhii Plokhy, *The frontline: essays on Ukraine's past and present*, Harvard series in Ukrainian studies 81, Cambridge, MA: Harvard University Press for the Ukrainian Research Institute, 2021.

Serhii Plokhy, *The Gates of Europe: A History of Ukraine*, New York: Basic Books, 2015.

Timothy Snyder, *Black Earth: The Holocaust as History and Warning*, London: Vintage, 2016.

Timothy Snyder, „The War in Ukraine Is a Colonial War" in: *The New Yorker*, 28. April 2022, www.newyorker.com/news/essay/the-war-in-ukraine-is-a-colonial-war, zuletzt abgerufen am 23. August 2023 / last accessed on August 23, 2023

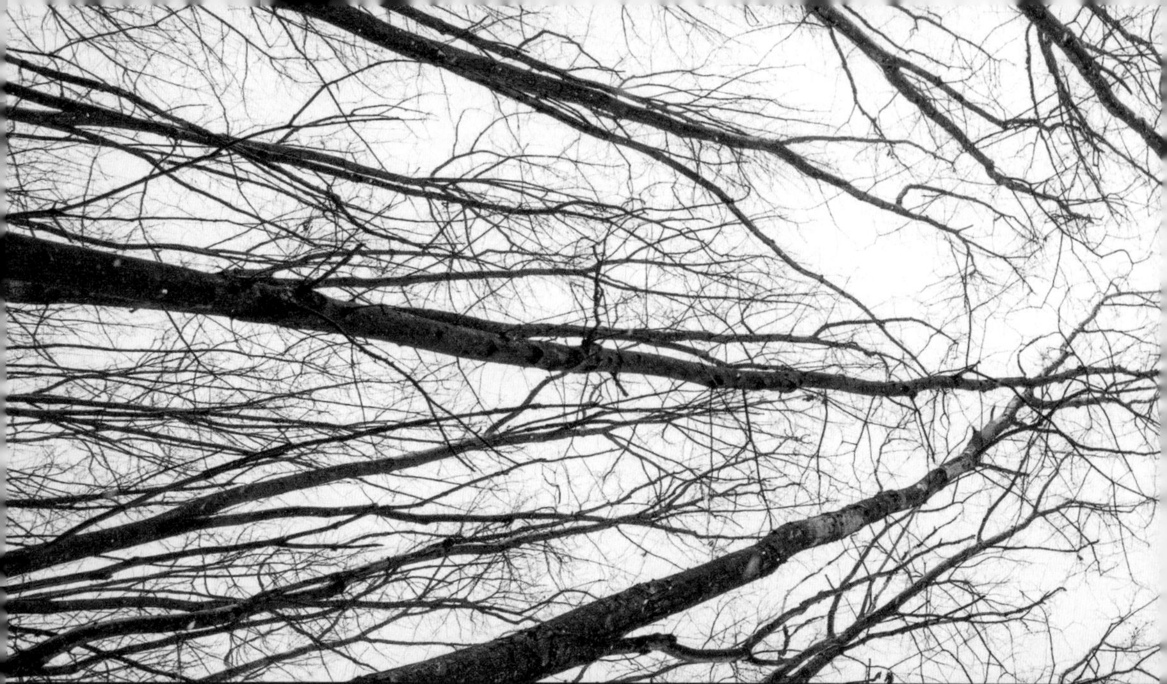

Bud'mo

Als wir endlich unser Ziel erreichten, blieben wir im Schlamm stecken. Chorniy Lis – Schwarzer Wald auf Deutsch – war der Ort, an dem wir die ersten Aufnahmen für *Bud'mo* machen wollten. Ein schlammiger Pfad zwischen Ackerland und einem Friedhof war der einzige Weg; ohne den Bagger, der unseren Filmwagen Schritt für Schritt zog, hätten wir keine Chance gehabt, dorthin zu gelangen. Dann, am Horizont, wo die Felder zwischen Demjaniw Las und Chorniy Lis den Himmel berührten, sahen wir die Gestalt eines Mannes, der sich langsam näherte. Er kam auf uns zu, nahm sich Zeit für einen kurzen Plausch mit der Ziegenhirtin in der Nähe, und kam dann zu unserem Truck hinüber. Er war auf der Suche nach Meerrettich. Seht mal, was ich gefunden habe, sagte er. Er trug eine schwere Granate, die mit Erde bedeckt war. Es war schwierig, den Boden umzugraben. Die Felder waren immer noch voll von solchem Zeug. Das Metall war stark verwittert und mit Schlamm verklebt. Schwer zu sagen, von wem das Geschoss stammte. Deutsche? Russen? Ukrainische Partisanen? Erster oder Zweiter Weltkrieg, wer weiß? Und wen würde das schon interessieren, sagte er. Das Einzige, was für ihn zählte, war, dass es noch in dem Boden war, der die Menschen, die hier lebten, nähren sollte. Und auf der Suche nach Meerrettich hatte ihn das schon immer gestört.

Er lachte und ging ein paar Schritte weiter. Dann kramte er in seinen Taschen und drehte sich um. Die habe ich auch gefunden, sagte er und zeigte uns eine Handvoll Patronenhülsen. So alt sind sie nicht, sagte er. Sie sind mit Sicherheit sowjetischen Ursprungs.

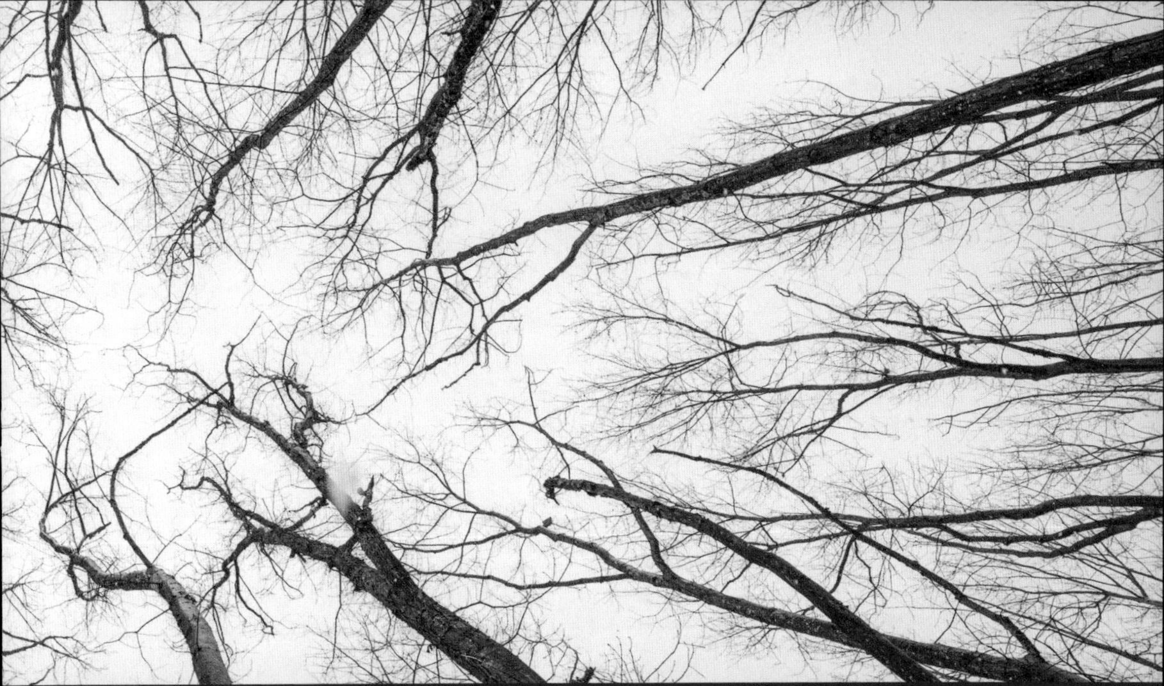

Nadia Kaabi-Linke, *Bud'mo*, 2023, 300 × 1000 cm, Dauer / duration 18 min., Videoinstallation / video installation

As we finally reached our destination, we got stuck in the mud. Chorniy Lis – black woods in English – was where we wanted to shoot the first images for *Bud'mo*. A muddy path between farmland and a graveyard was the only way; without the digger that pulled our film truck step by step, we would have had no chance to get there. Then, on the horizon where the fields between Demjaniw Las and Chorniy Lis touched the sky, we saw the figure of a man approaching slowly. He came closer, took his time for a short chat with a goatherd nearby, and then came over to our truck. He had been looking for horseradish. Look what I found, he said. He was carrying a heavy shell covered in dirt. It was hard to dig up the ground. The fields were still full of stuff like this. The metal was heavily weathered and sticky with mud. Hard to tell whose shot it was. Germans? Russians? Ukrainian partisans? First or Second World War, who knows? And who would care, anyway, he said. The only thing that mattered to him was that it was still in the soil that should nourish the people who lived there. And, looking for horseradish, it had always bothered him.

He laughed and moved on a few steps. Then he rummaged through his pockets and turned around. I also found these, he said, showing us a handful of bullet casings. They're not that old, he said. They're for sure of Soviet origin.

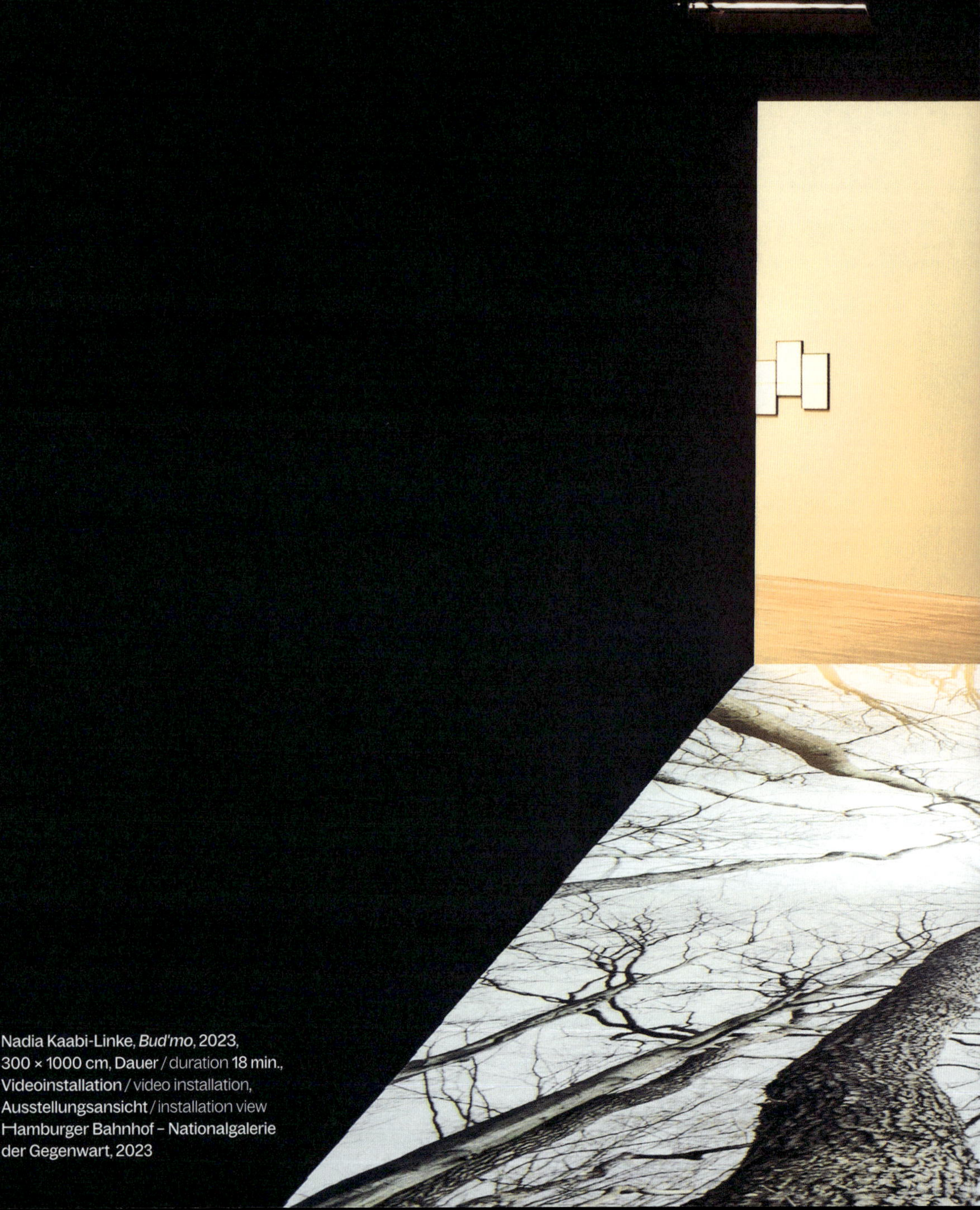

Nadia Kaabi-Linke, *Bud'mo*, 2023,
300 × 1000 cm, Dauer / duration 18 min.,
Videoinstallation / video installation,
Ausstellungsansicht / installation view
Hamburger Bahnhof – Nationalgalerie
der Gegenwart, 2023

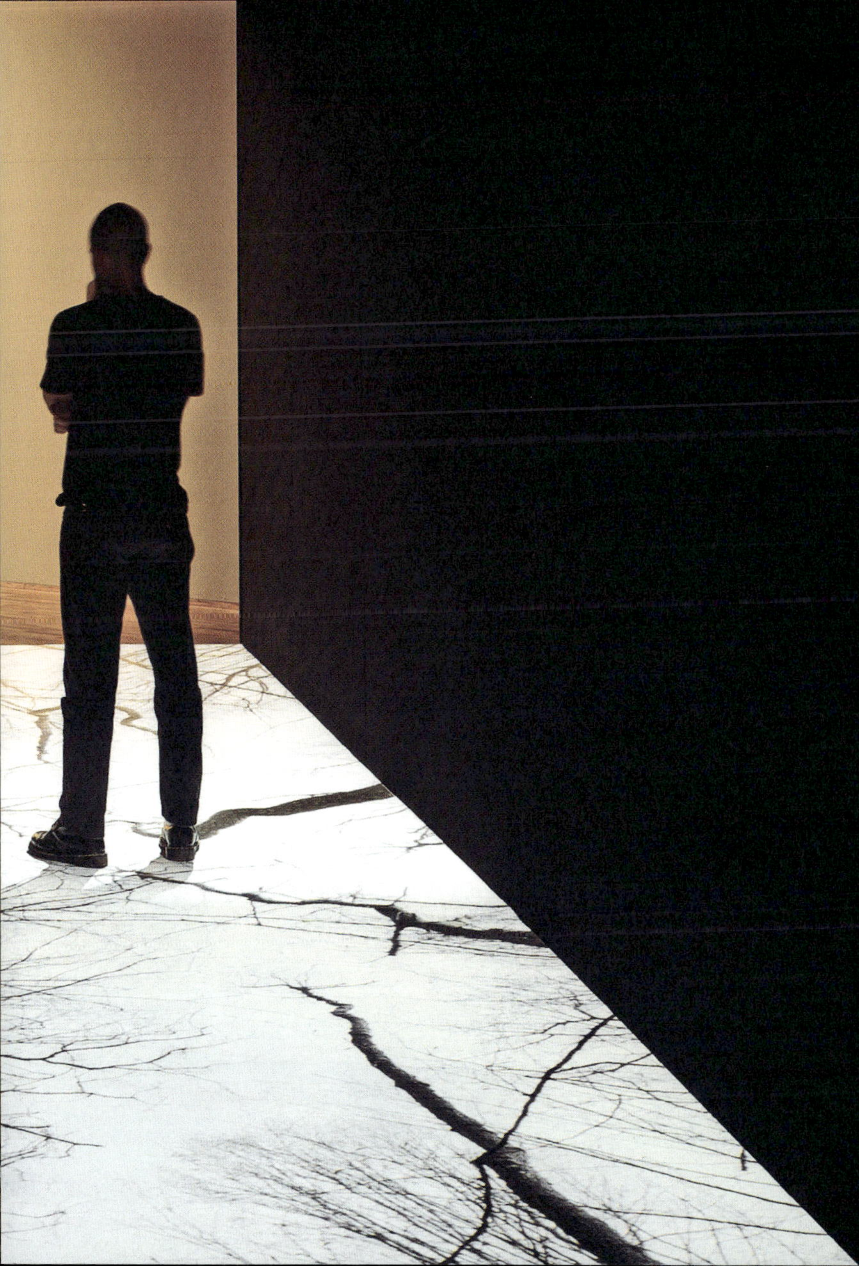

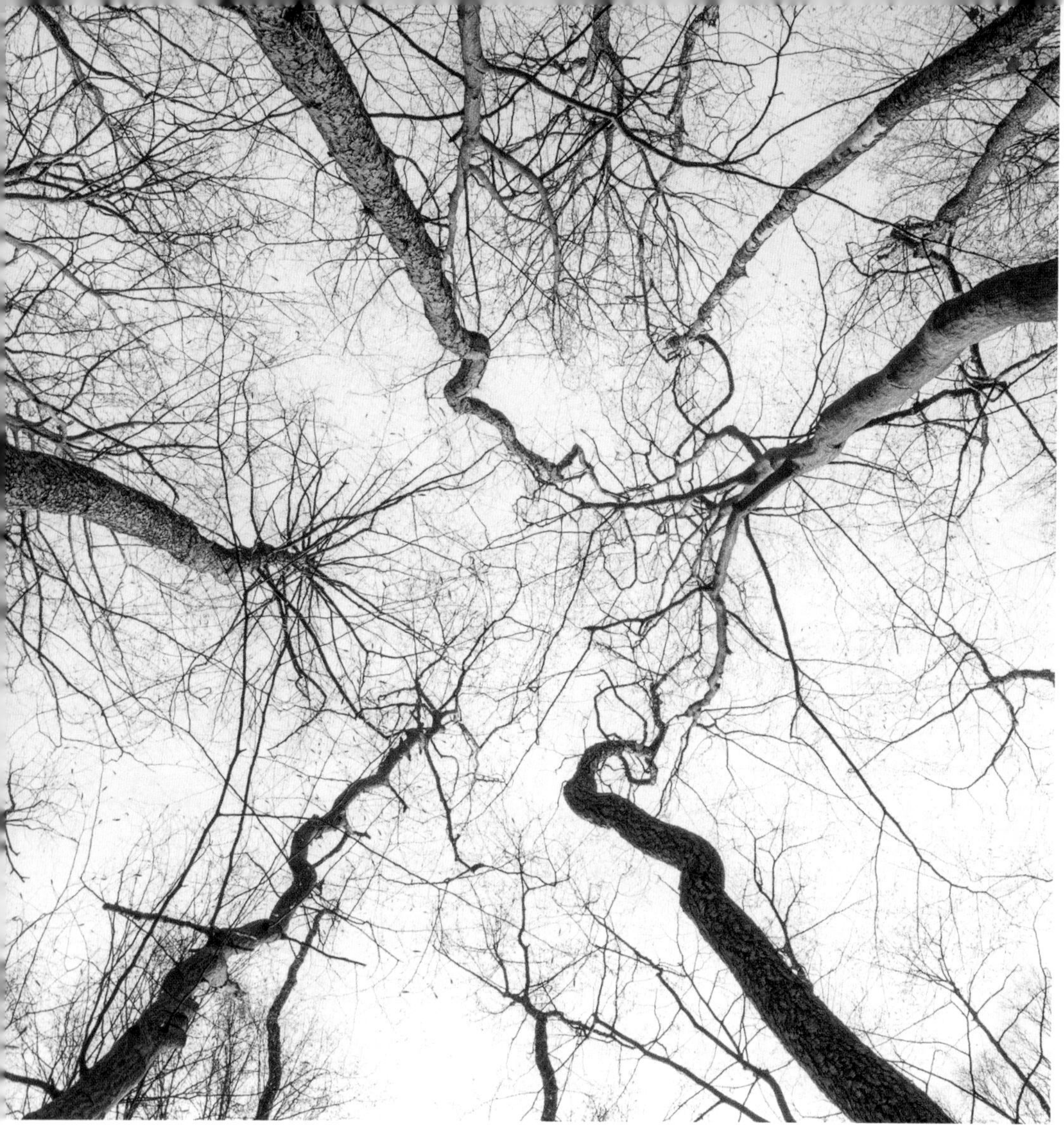

Nadia Kaabi-Linke, *Bud'mo*, 2023, Detail

Nadia Kaabi-Linke, *Kula*, 2023, Detail

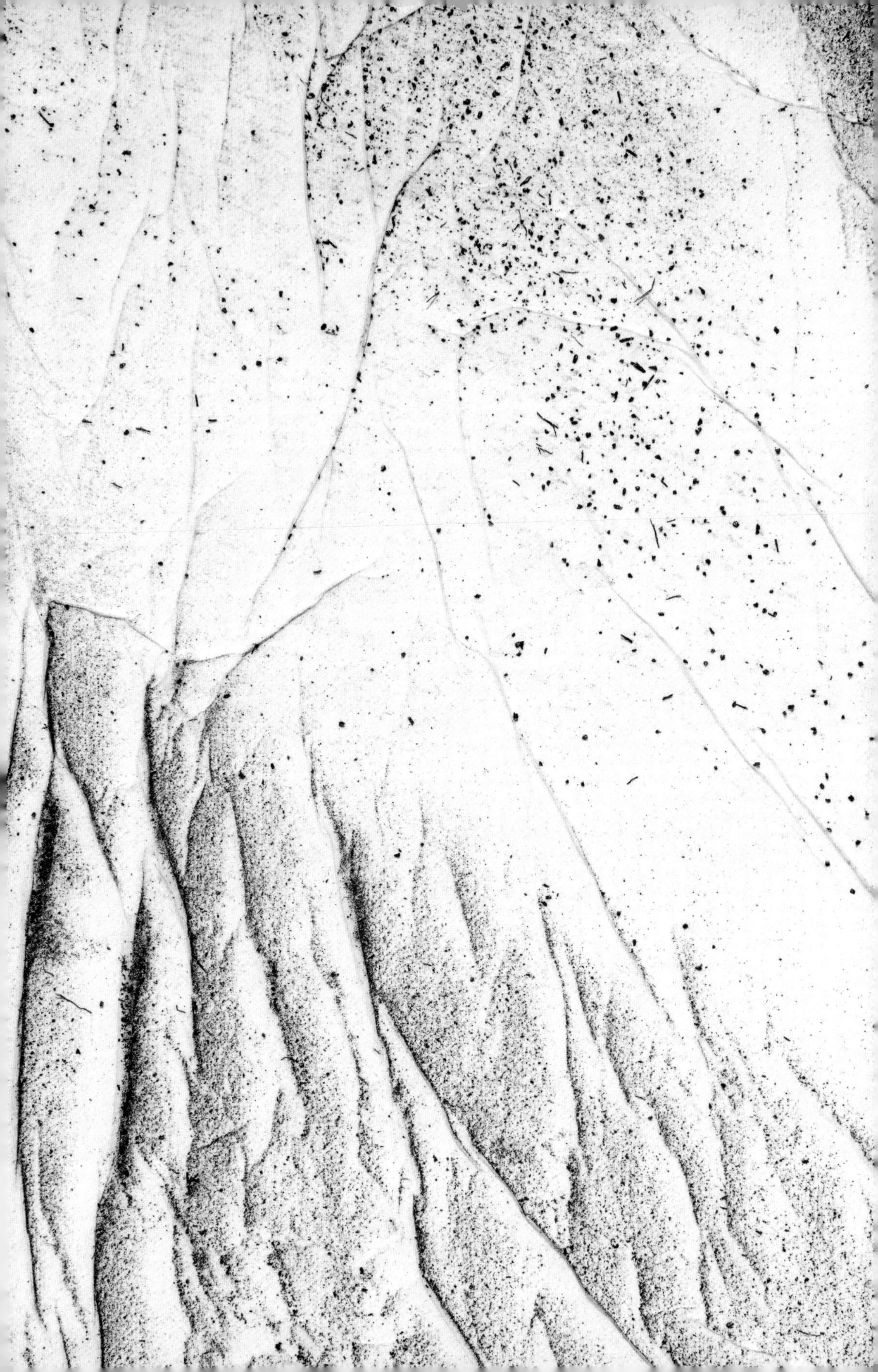

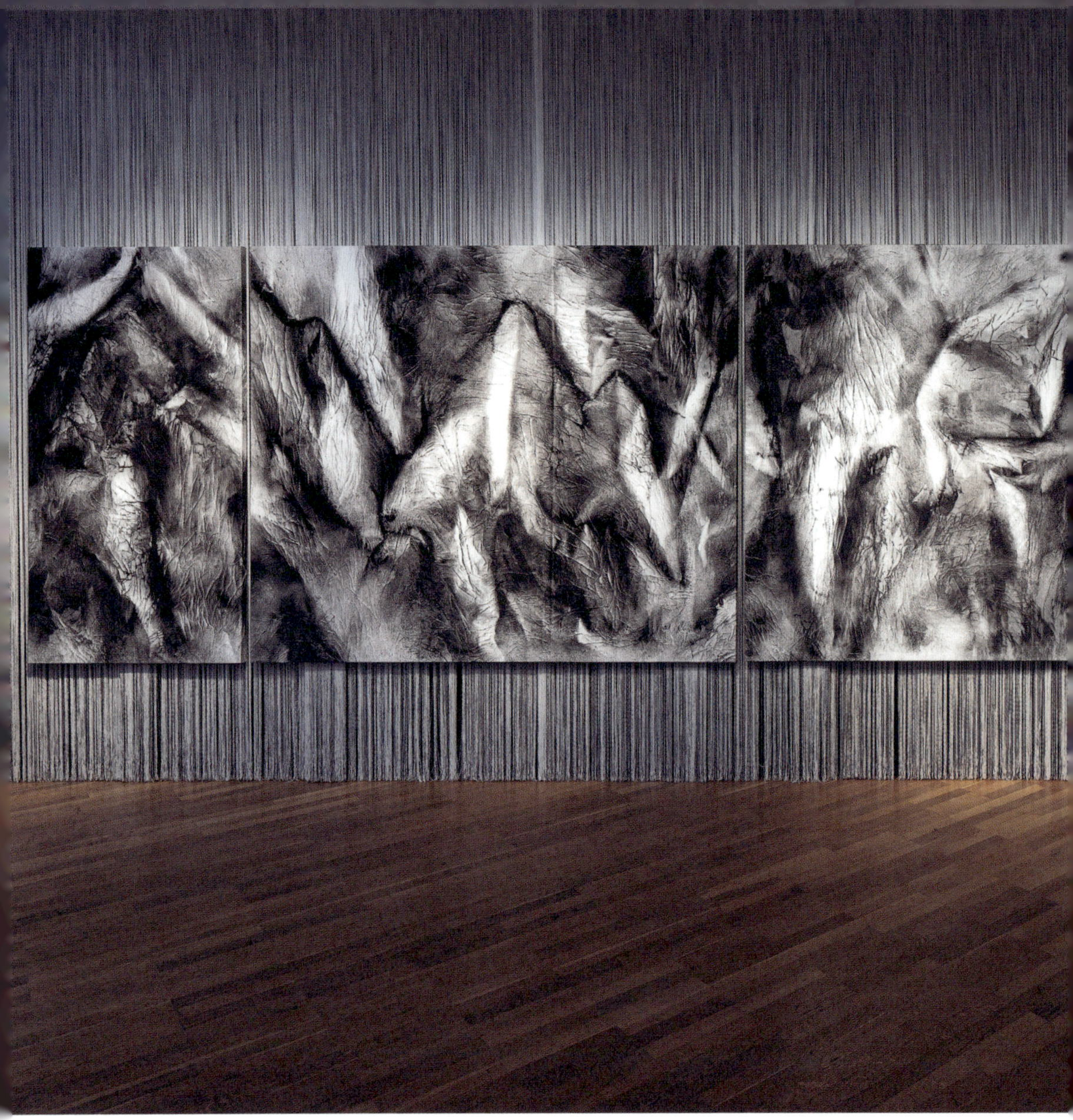

Nadia Kaabi-Linke, *Kula*, 2023, 185 × 575 cm, 185 × 225 cm, 185 × 100 cm, **Triptychon mit Braunkohle und Acryl auf Papier auf Leinwand** / triptych with lignite and acrylic on paper on canvas, **Ausstellungsansicht** / installation view Hamburger Bahnhof – Nationalgalerie der Gegenwart, 2023

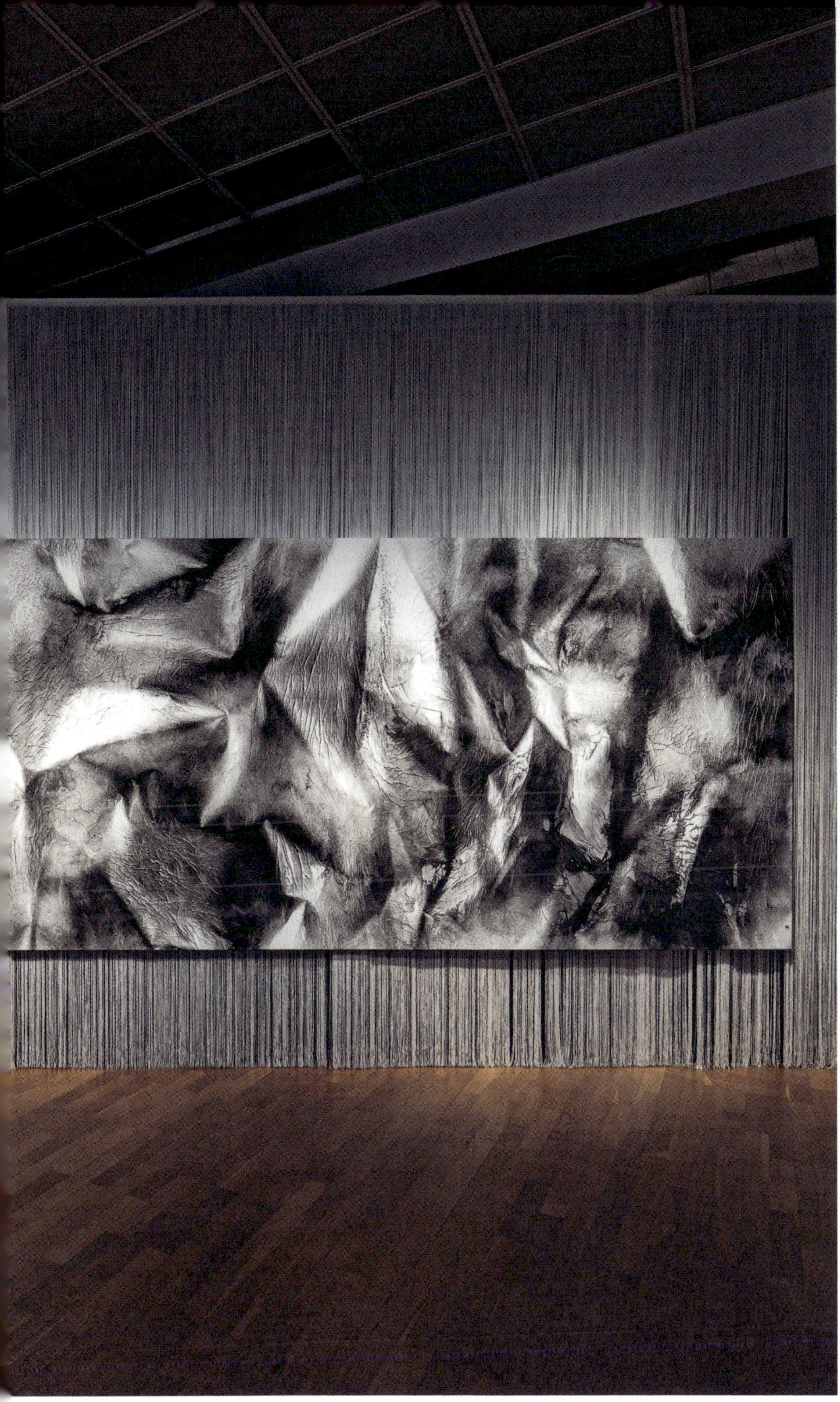

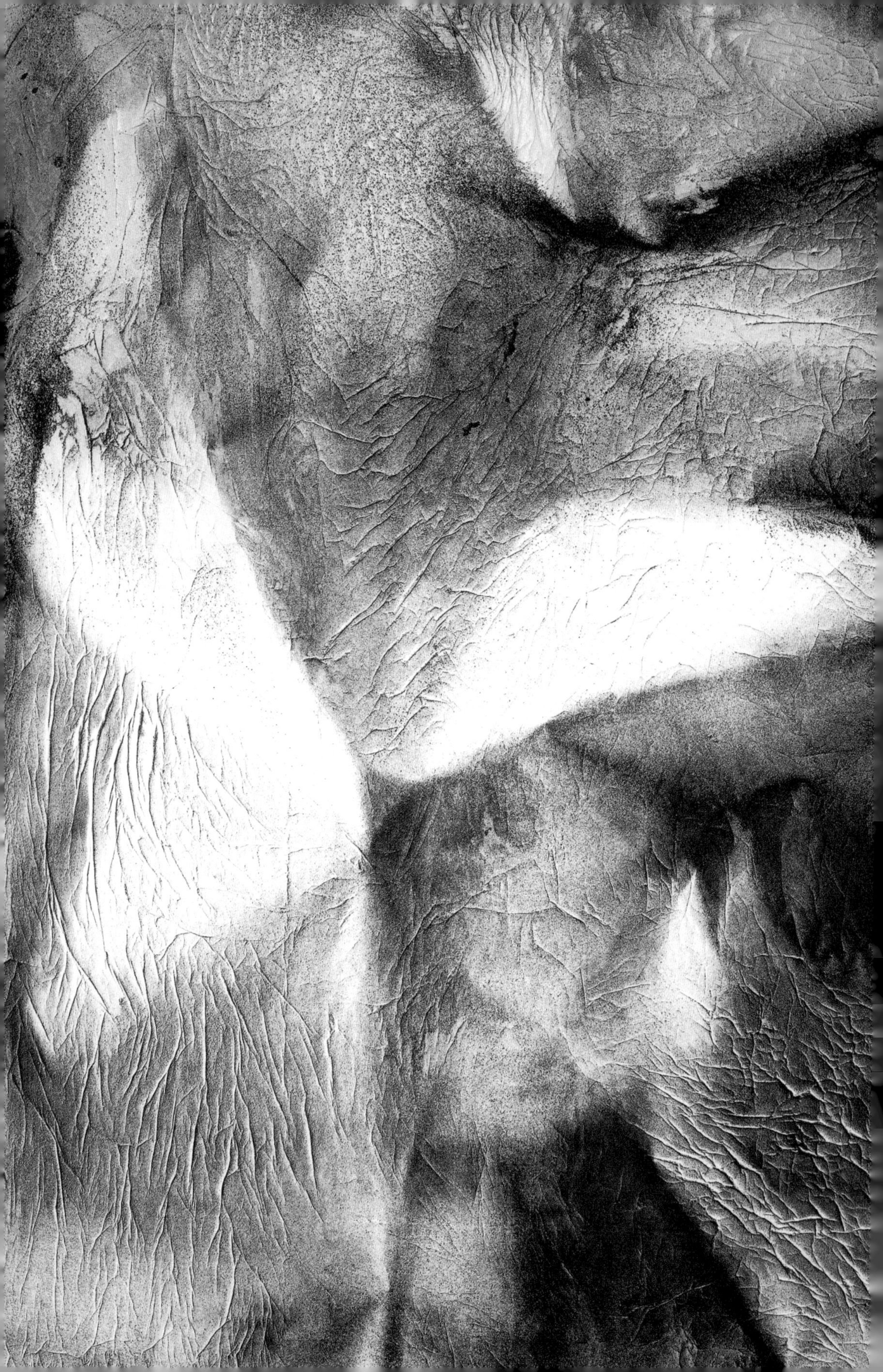

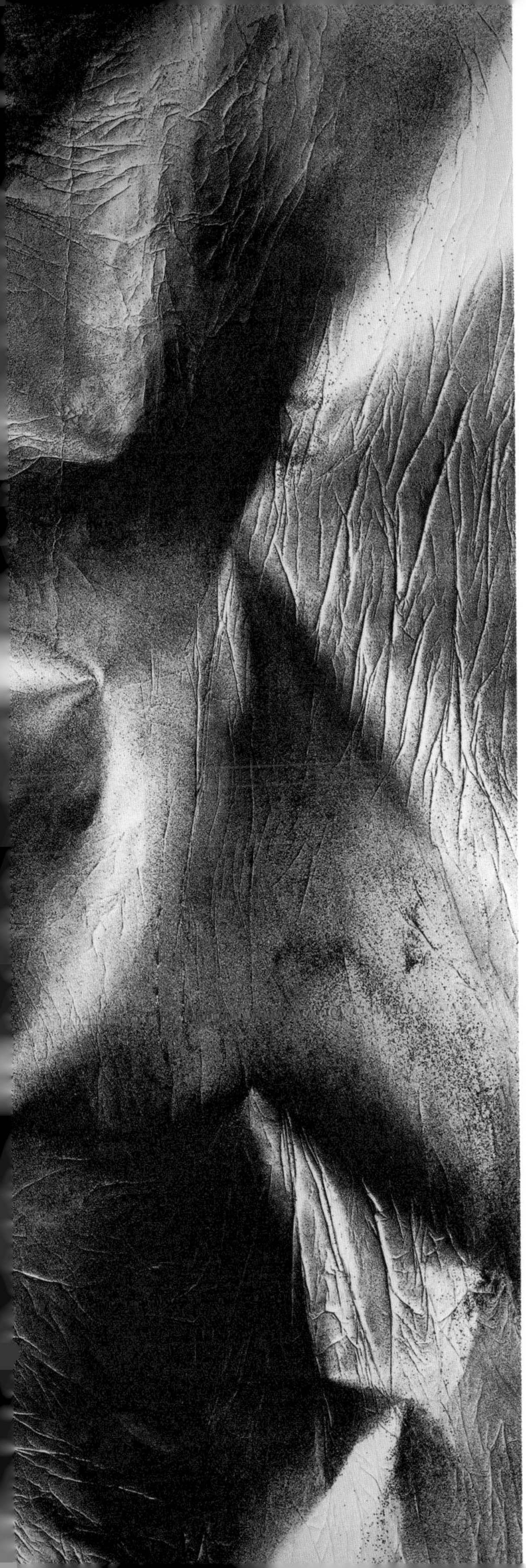

Nadia Kaabi-Linke, *Kula*, 2023, Detail

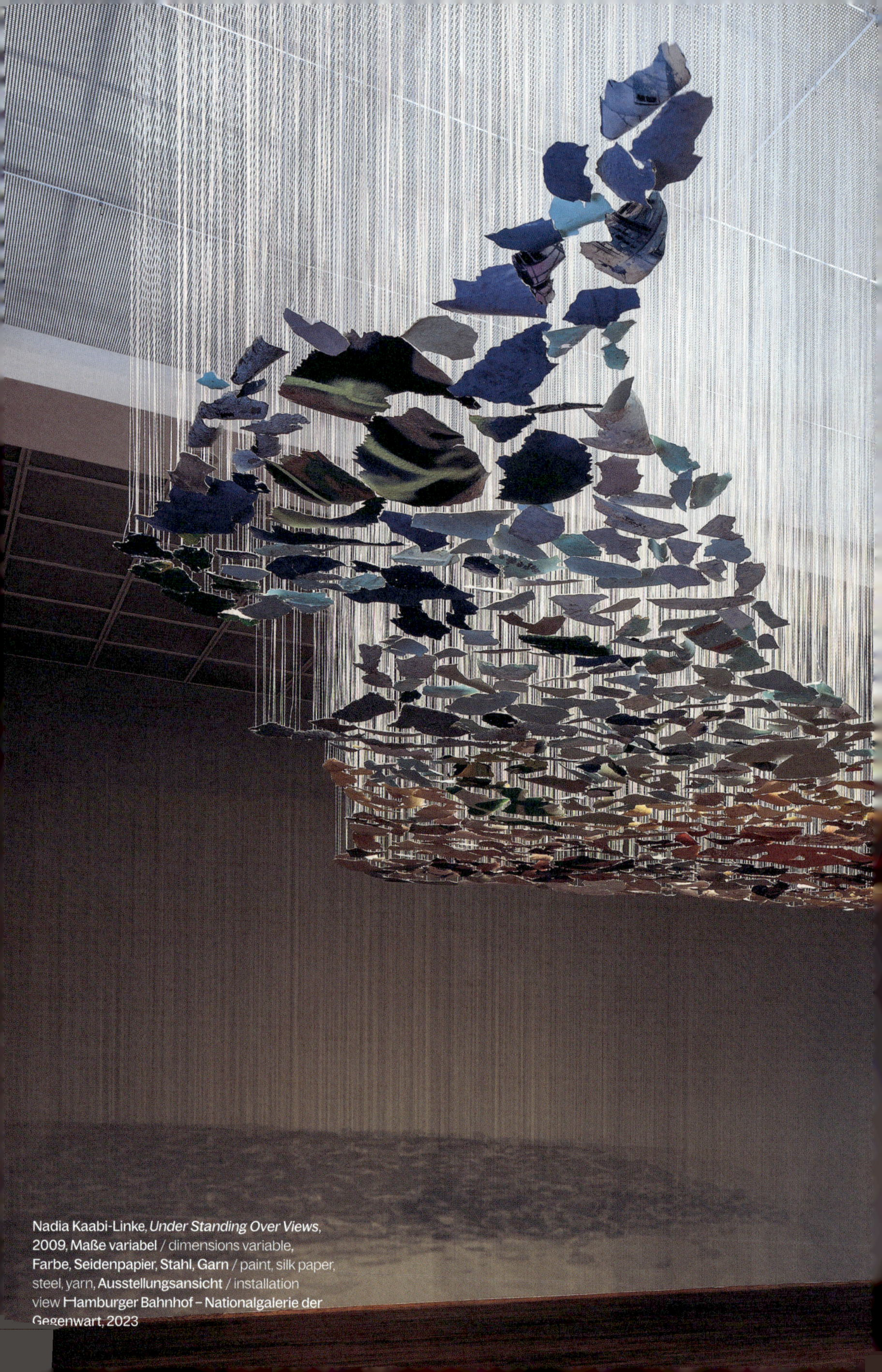

Nadia Kaabi-Linke, *Under Standing Over Views*, 2009, Maße variabel / dimensions variable, Farbe, Seidenpapier, Stahl, Garn / paint, silk paper, steel, yarn, Ausstellungsansicht / installation view Hamburger Bahnhof – Nationalgalerie der Gegenwart, 2023

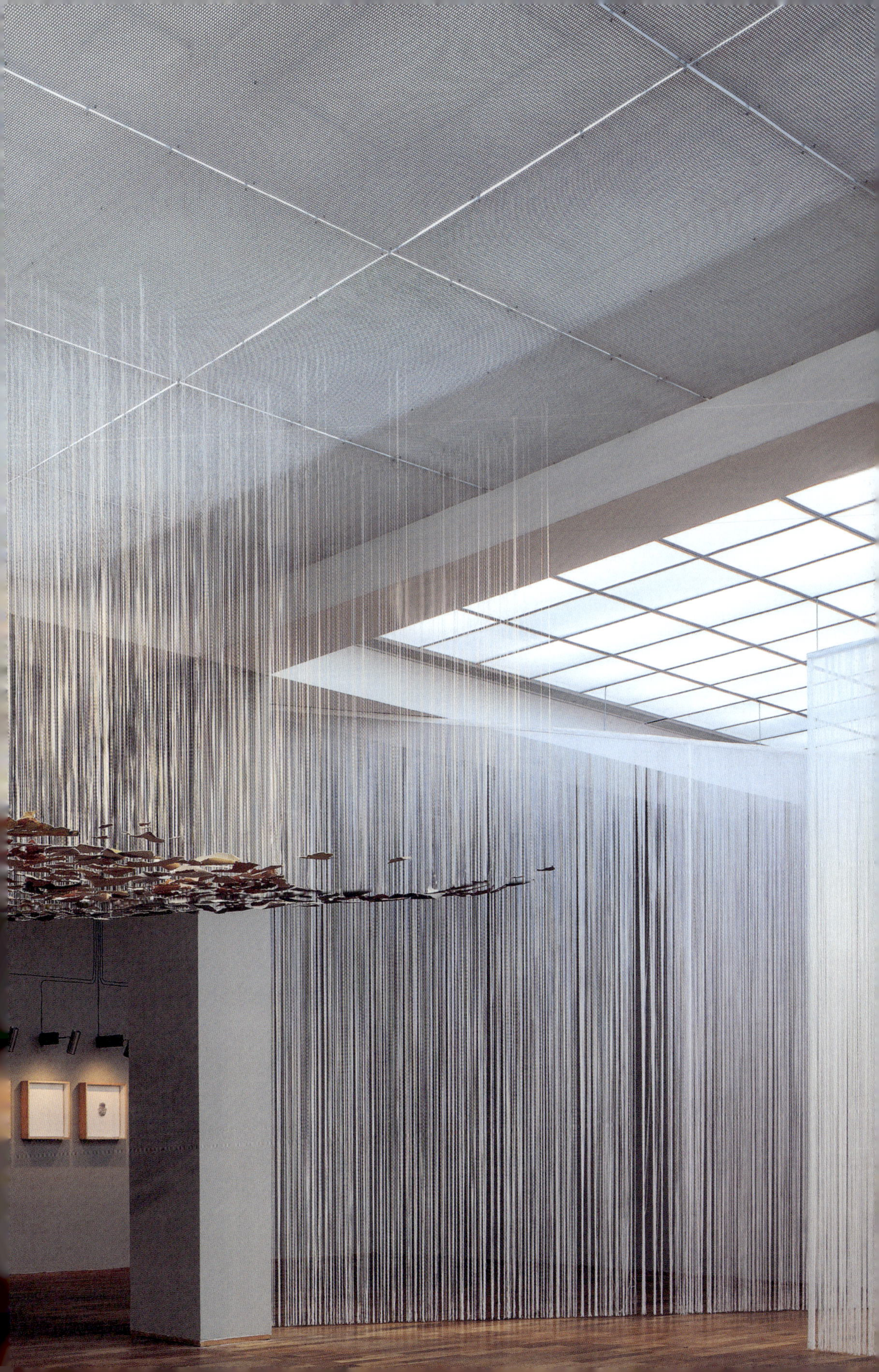

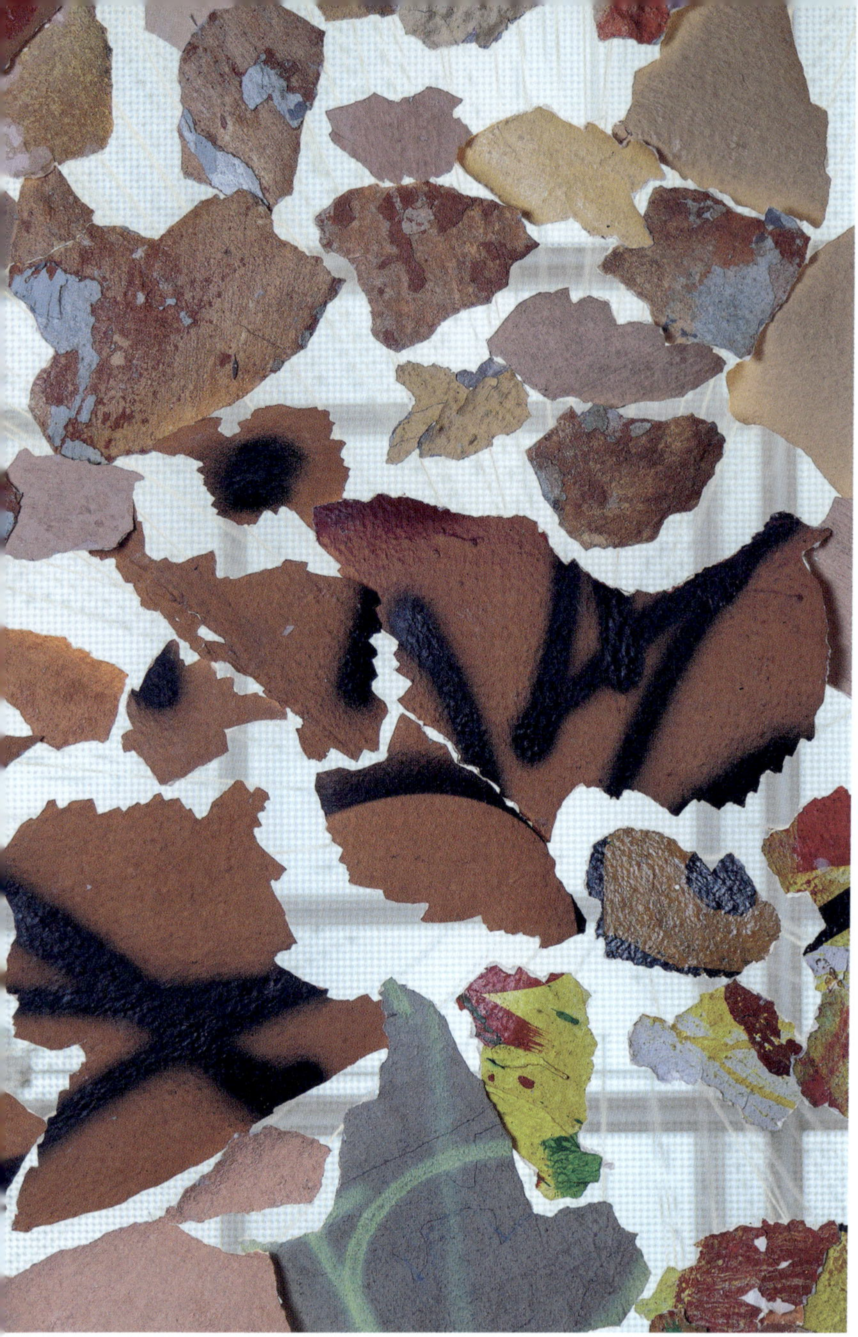

Nadia Kaabi-Linke, *Under Standing Over Views*,
2009, Detail

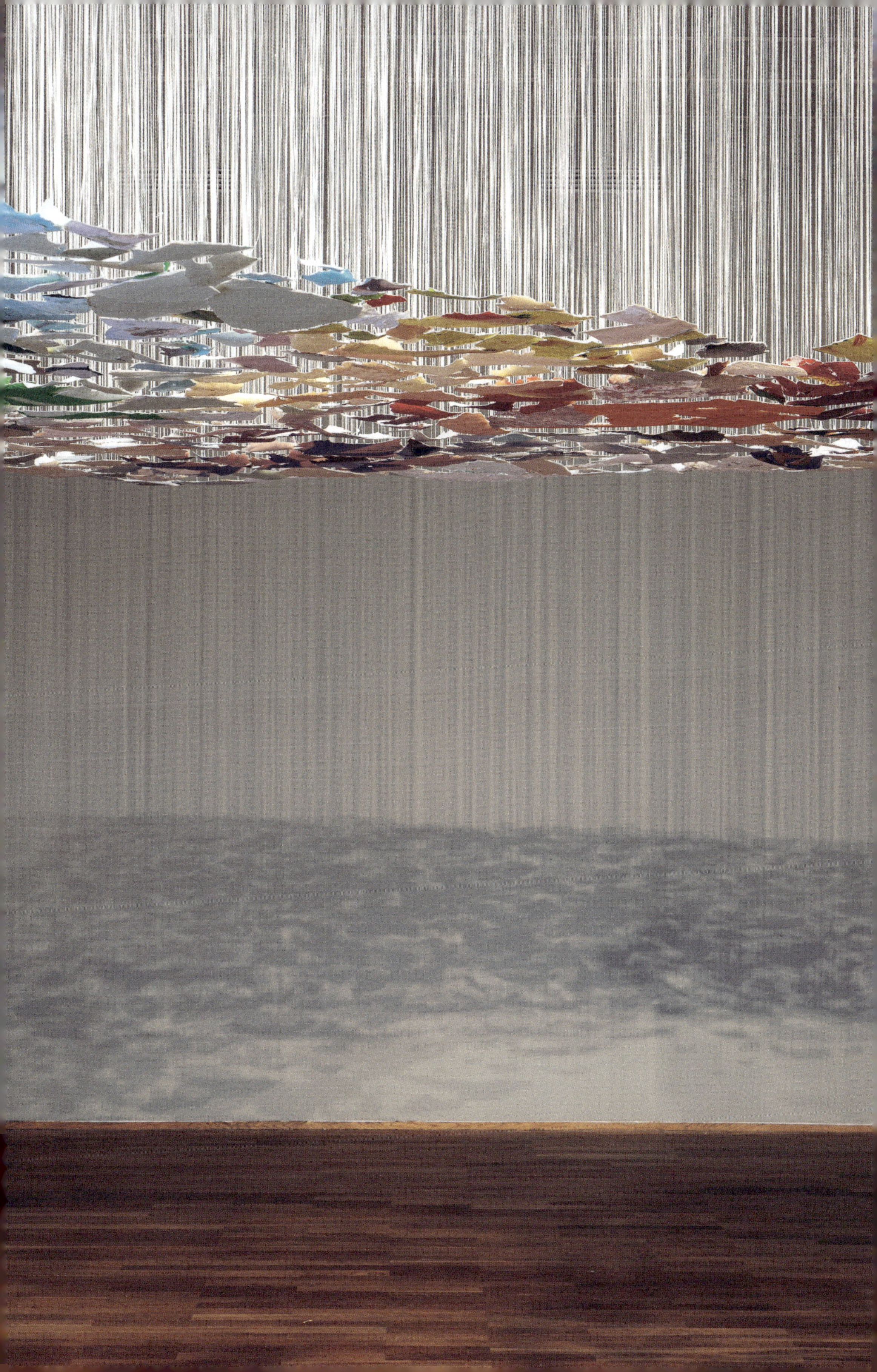

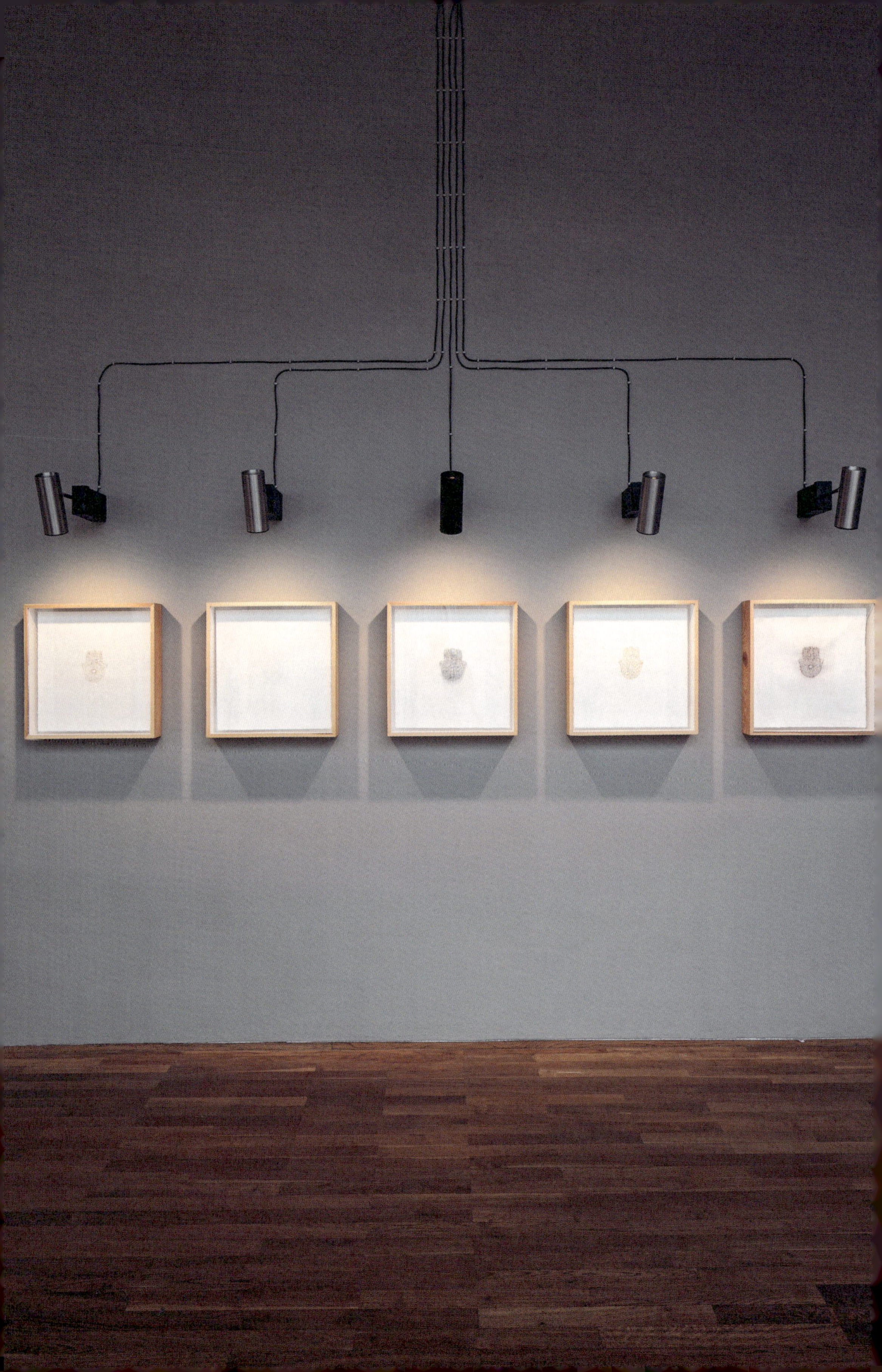

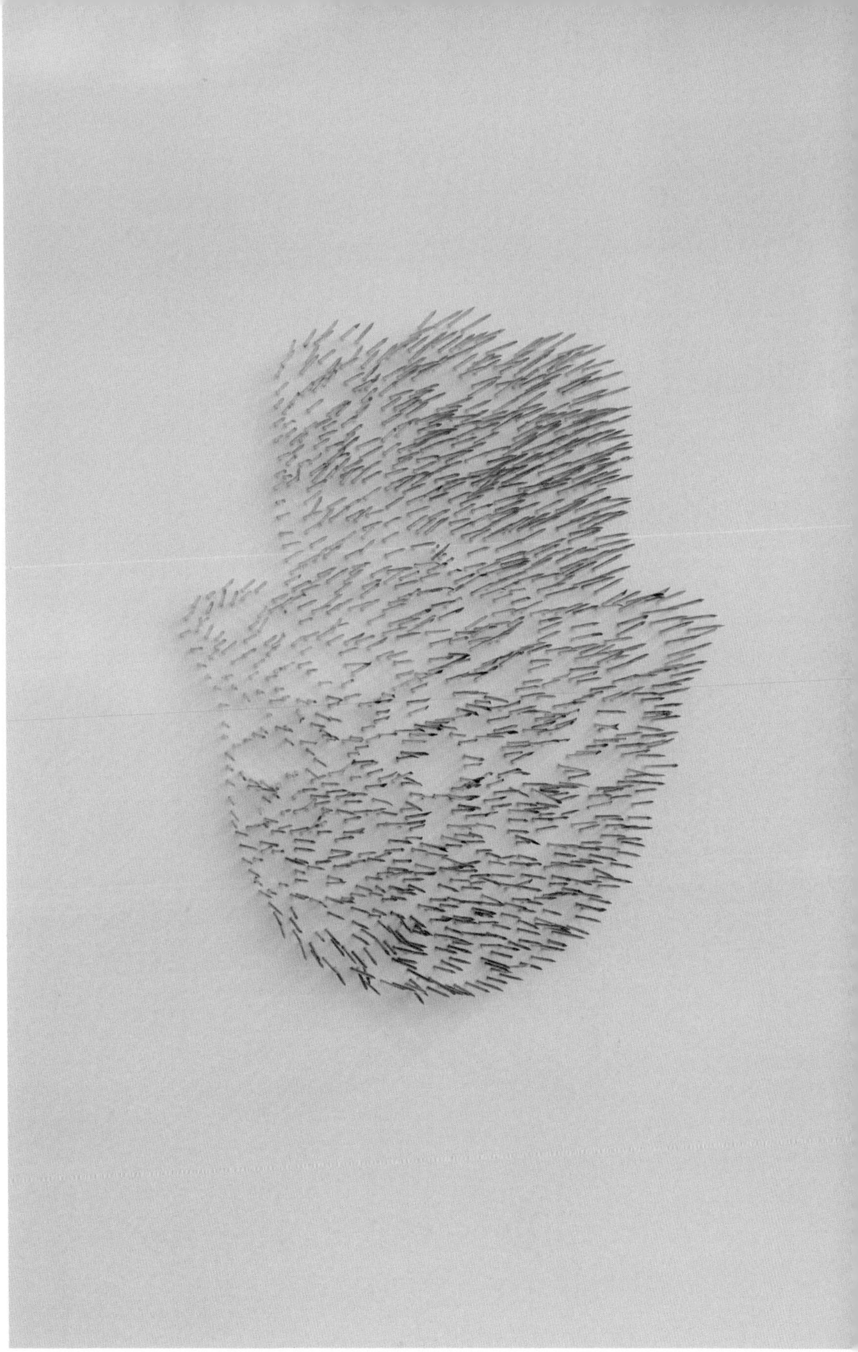

Nadia Kaabi-Linke, *Fatima*, 2010, Maße variabel / dimensions variable, Stahl, Blut, Horn, Haar, Papier, Acryl, Holz, Leuchten, Stromkabel / steel, blood, horn, hair, paper, acrylic, wood, light spots, electric wire, Ausstellungsansicht / installation view Hamburger Bahnhof – Nationalgalerie der Gegenwart, 2023

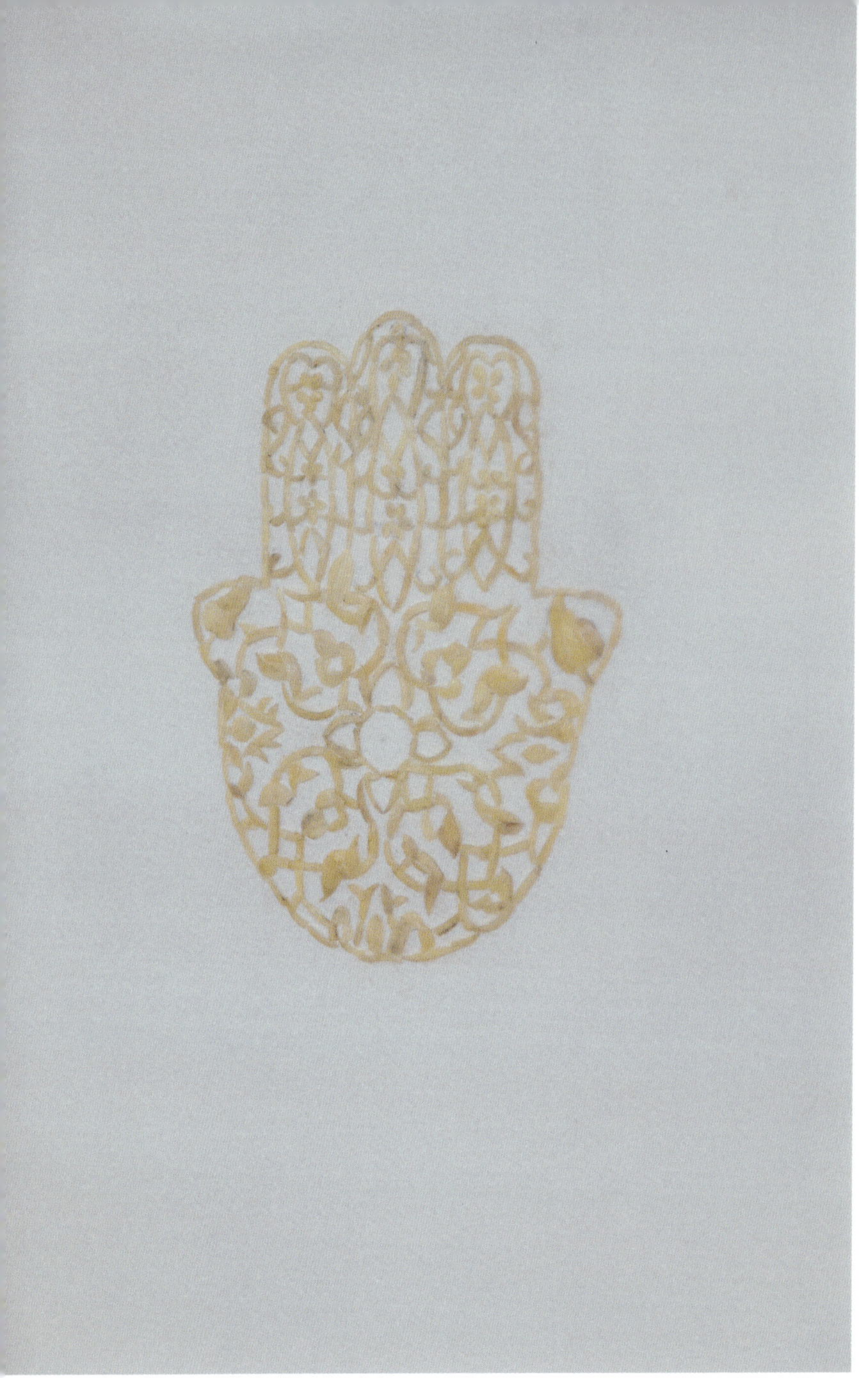

Nadia Kaabi-Linke, *Fatima*, 2010, Detail

Nadia Kaabi-Linke, *Stretched Perm*, 2014, Detail

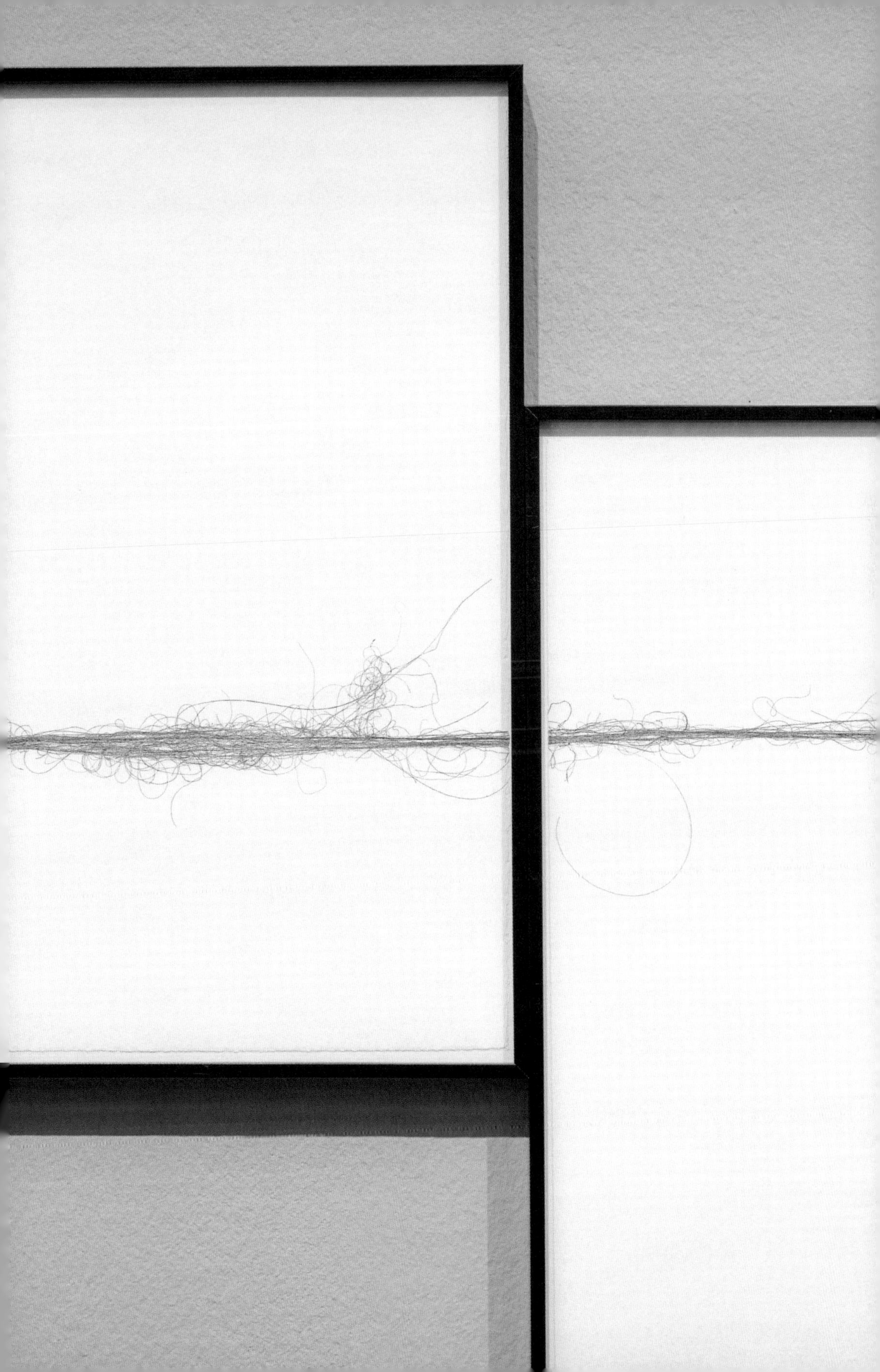

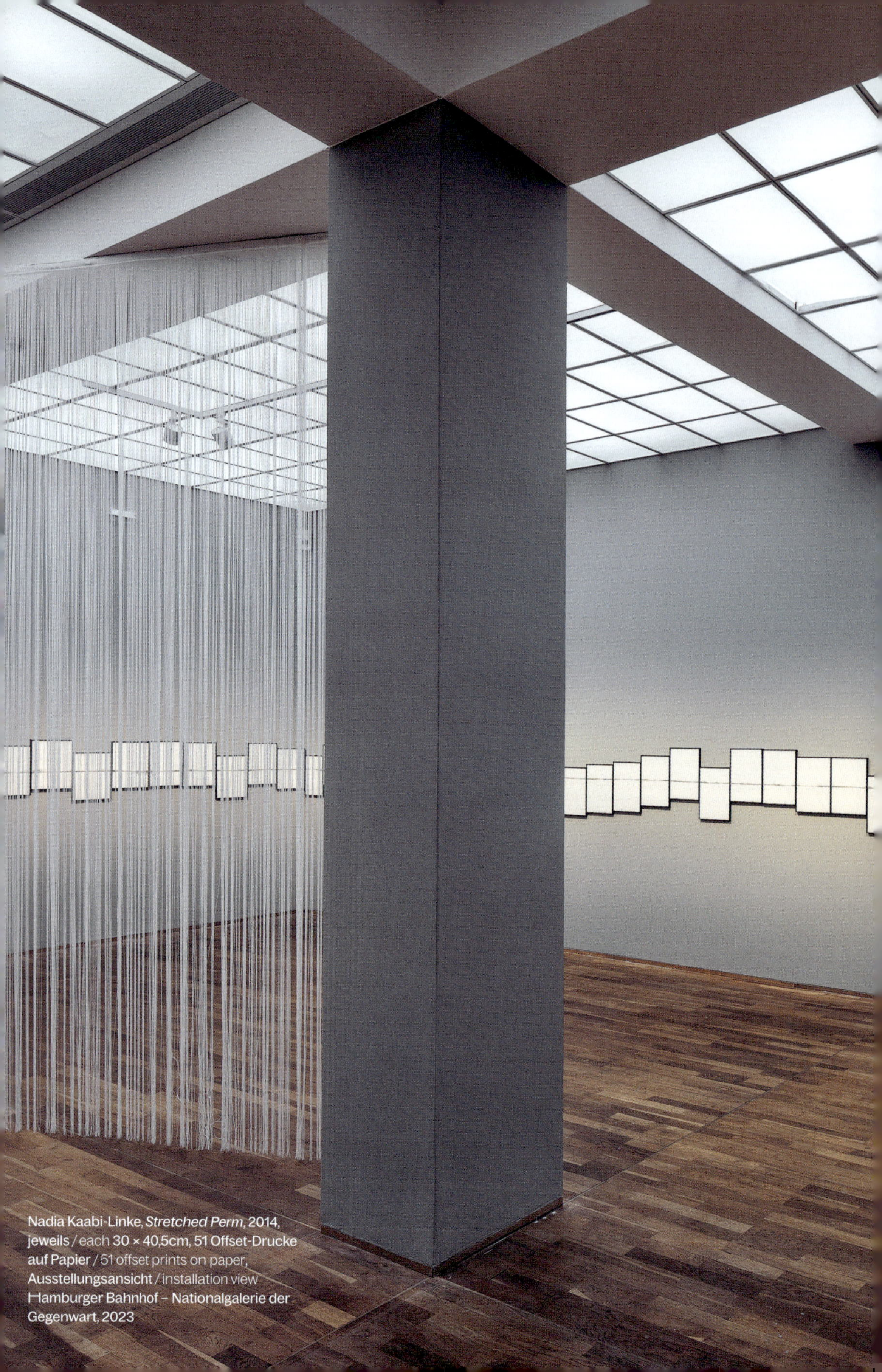

Nadia Kaabi-Linke, *Stretched Perm*, 2014, jeweils / each 30 × 40,5cm, 51 Offset-Drucke auf Papier / 51 offset prints on paper, Ausstellungsansicht / installation view Hamburger Bahnhof – Nationalgalerie der Gegenwart, 2023

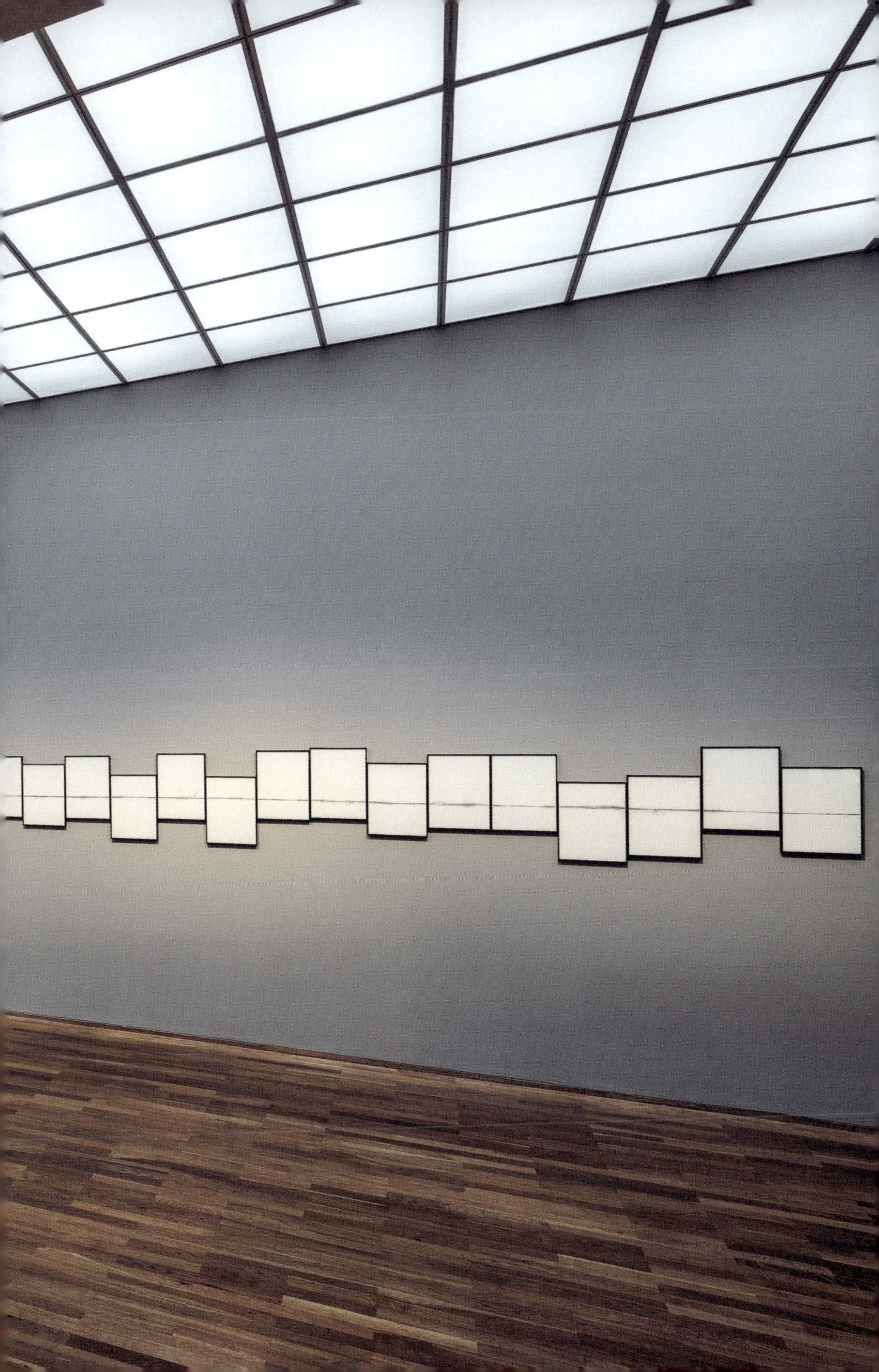

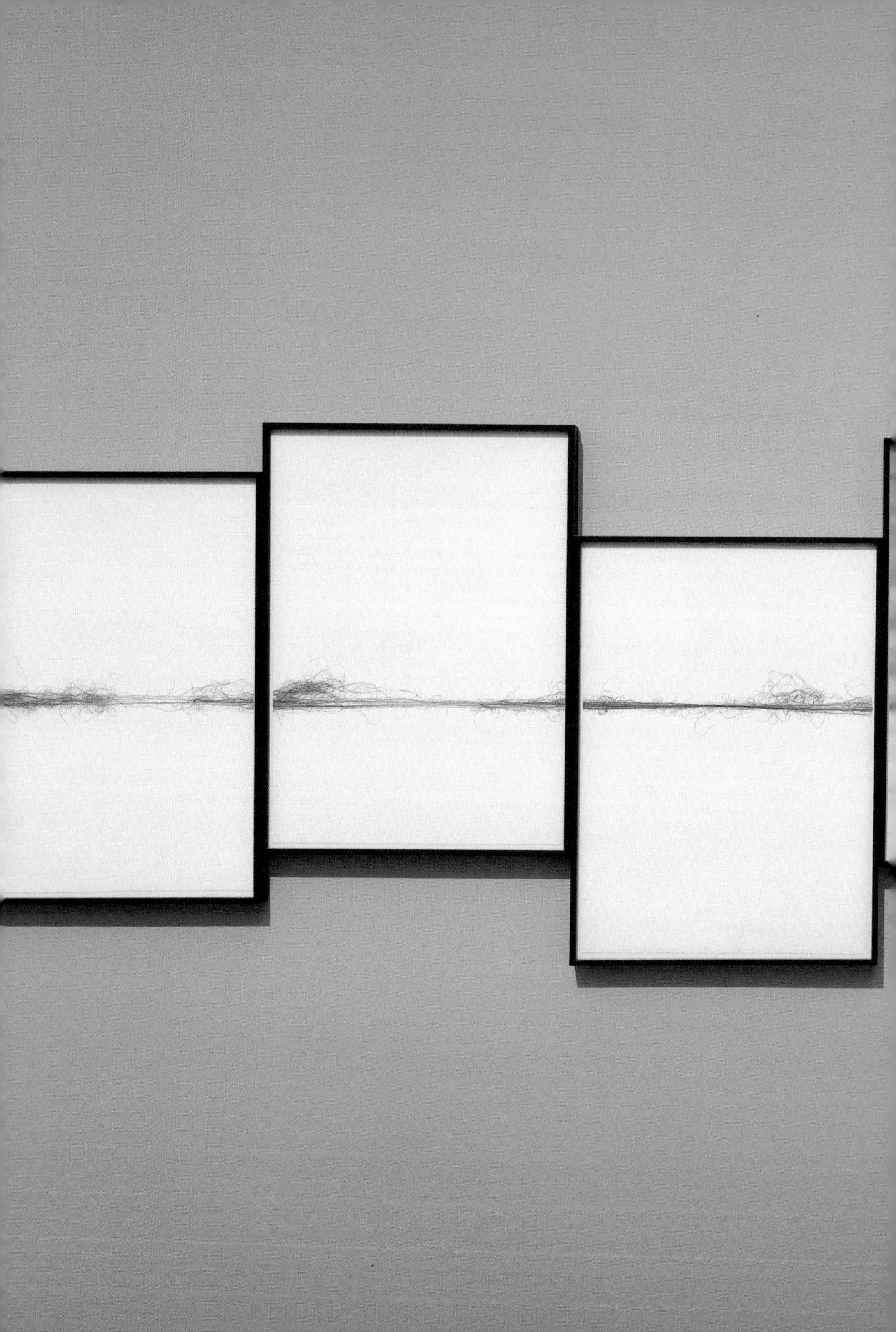

Nadia Kaabi-Linke, *Stretched Perm*, 2014, Detail

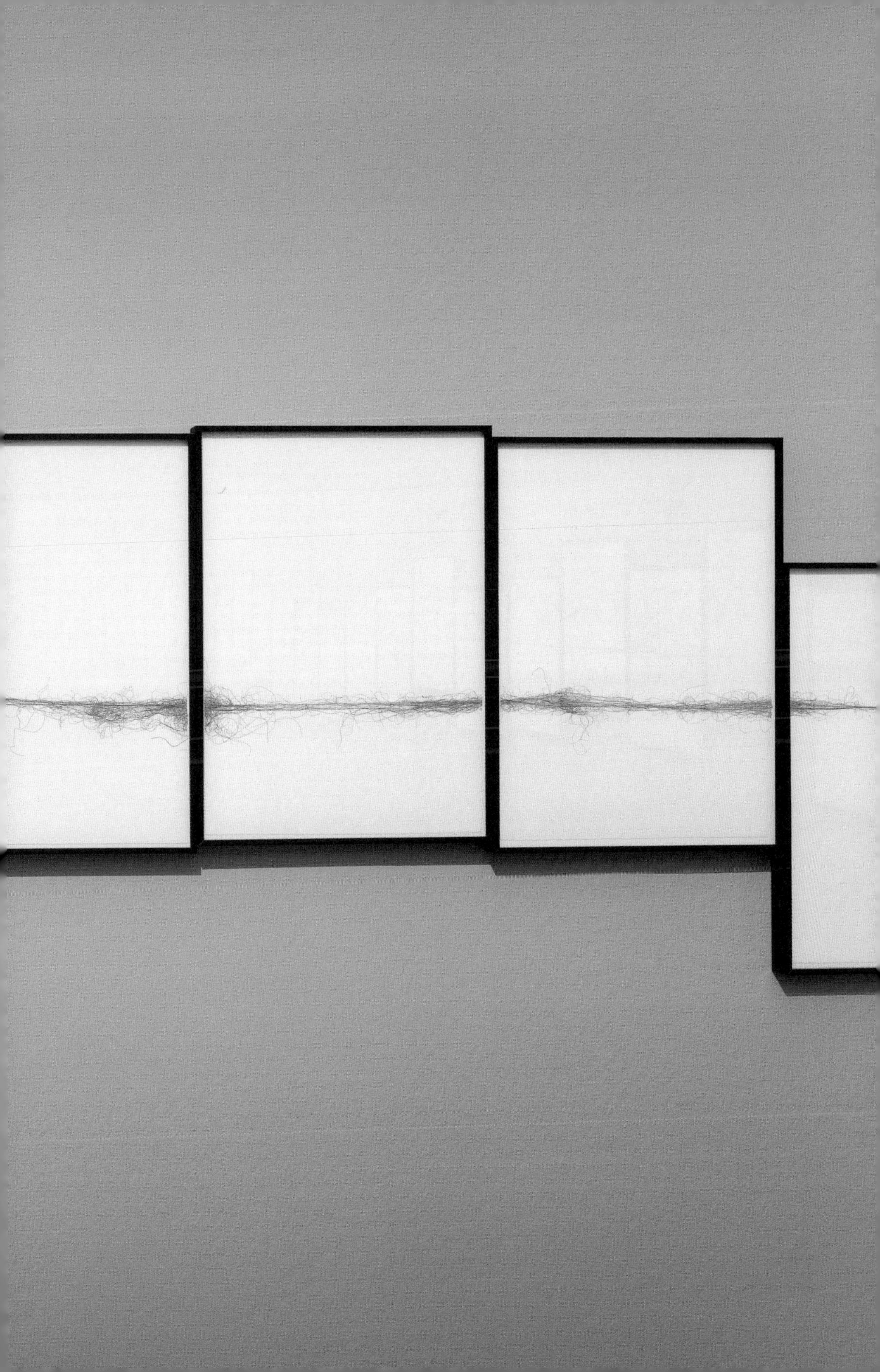

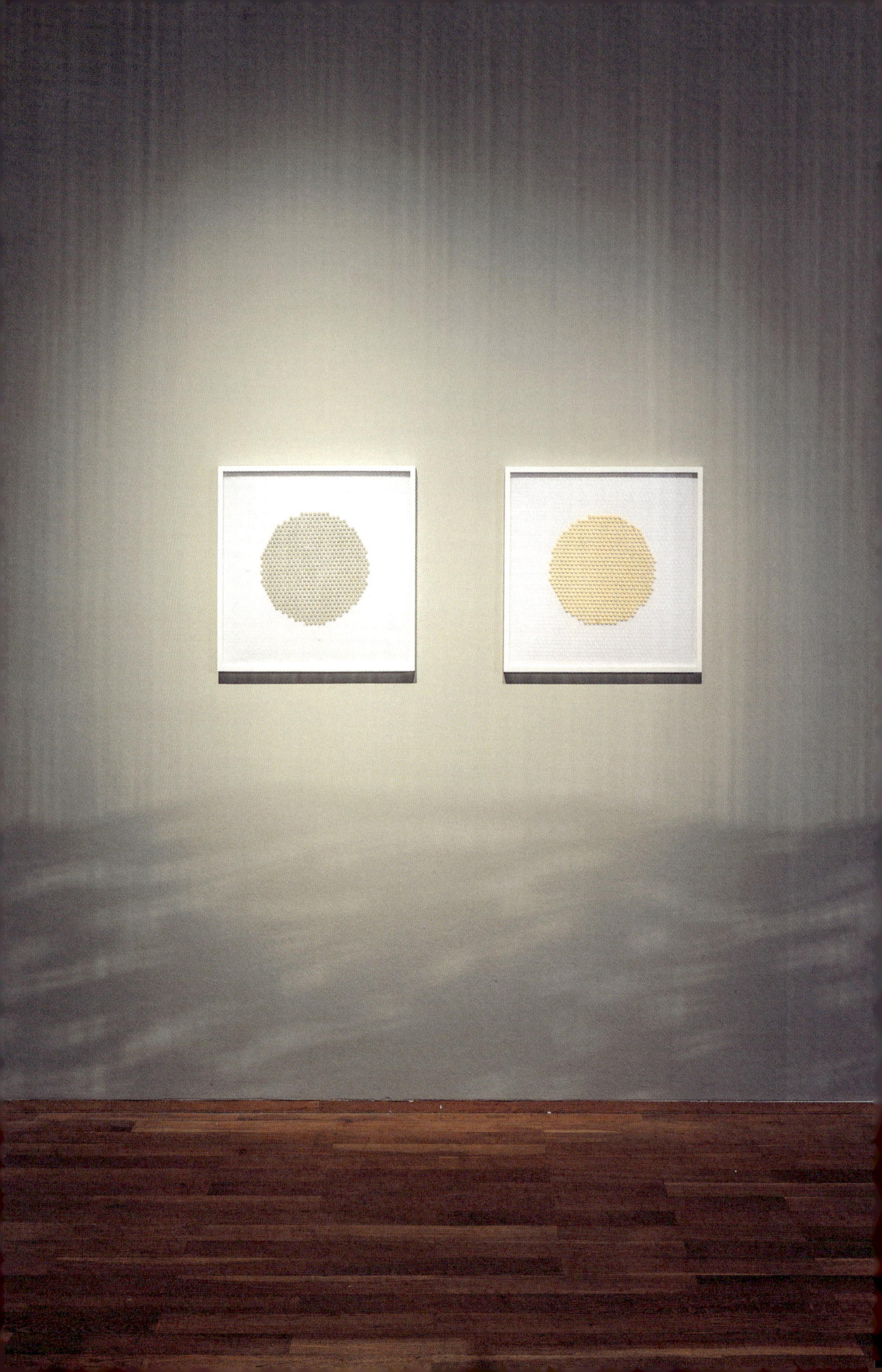

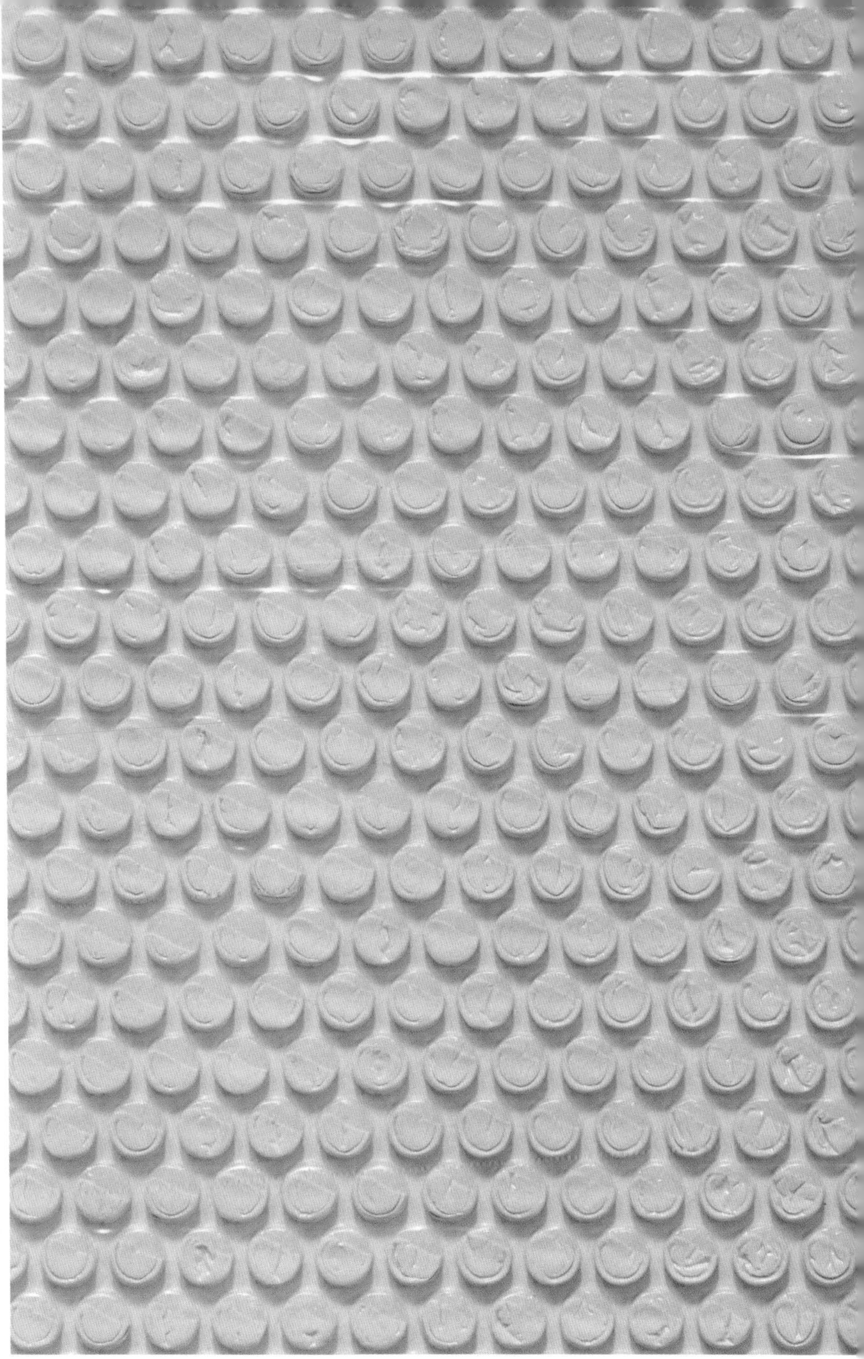

Nadia Kaabi-Linke, *Bangballs*, 2015, Detail

Nadia Kaabi-Linke, *The Ball Variations: Hardballs,* 2015, 52 × 52 × 2 cm, Zement, Polyethylen, Holz / cement, polyethylene, wood; *Bangballs*, 2015, 52 × 52 × 2 cm, Lycopodium, Polyethylen, Holz / lycopodium, polyethylene, wood, Ausstellungsansicht / installation view Hamburger Bahnhof – Nationalgalerie der Gegenwart, 2023

Die Zwiebelschichten der Wirklichkeit häuten* / Peeling the Onion of Reality*

Paul Ardenne

Seit fünfzehn Jahren entwickelt Nadia Kaabi-Linke ein einzigartiges künstlerisches Werk, das sich in Nähe zur Wirklichkeit, zu aktuellen Geschehnissen und spezifischen Kontexten mit den großen Problemen der Gegenwart befasst. Die gebürtige Tunesierin mit ukrainischen Wurzeln, aufgewachsen in den Vereinigten Arabischen Emiraten, wohnt heute in Berlin, wo sie zwischen 2011 und 2014 den Alfred-Scholz-Platz umgestaltete, um dem Zusammenleben der stark migrantisch geprägten Bevölkerung des Stadtteils Neukölln ein würdiges Bild zu geben. Dazu wurden Steine in unterschiedlichen Farben aus den Herkunftsregionen der dort ansässigen Gruppen nach Neukölln gebracht, wo sie sich mit dem lokalen Pflasterstein mischten. Die Intervention *Meinstein* wurde in Zusammenarbeit mit ihrem Partner Timo Kaabi-Linke durch einen parti-

For the past fifteen years, Nadia Kaabi-Linke has been developing a highly distinctive oeuvre that engages with the big issues of our time, while remaining closely tied to real situations, current events, and specific contexts. The Tunis-born artist of Ukrainian heritage was raised in Tunisia and the United Arab Emirates. She now lives in Berlin where, between 2011 and 2014, she created a permanent public artwork on Alfred-Scholz-Platz in Neukölln, a district with a large immigrant population. Entitled *Meinstein*, the work was intended to be a fitting reflection of the many ethnic groups who make up this urban community. Stones in dif-

* Ein von der Künstlerin geliehener Ausdruck zur Beschreibung ihrer Arbeitsweise.

* An expression used by Nadia Kaabi-Linke to describe her working method.

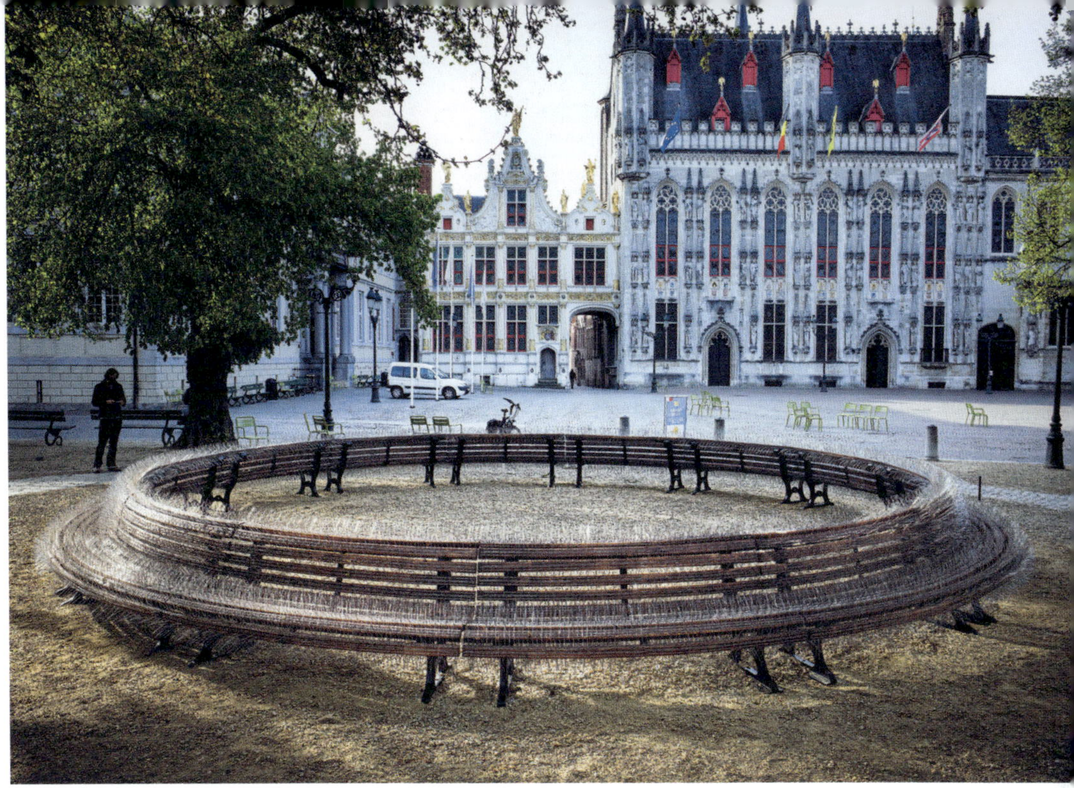

Nadia Kaabi-Linke, *Inner Circle*, 2021, Maße variabel / dimensions variable, Kunstwerk im öffentlichen Raum im Rahmen der Brügge Triennale 2021 / public artwork at Bruges Triennial 2021

zipativen Prozess vorbereitet, der, vermittelt durch soziologische und computergestützte Verfahren, die Bewohner*innen des Viertels direkt in die Platzgestaltung einbezog. In einer anderen Arbeit, diesmal in Venedig, richtete die Künstlerin ihre Aufmerksamkeit auf die „fliegenden Händler" – ebenfalls Migrant*innen – und auf die Tücher, auf denen sie ihre Waren ausbreiten, um im Falle einer herannahenden Polizeistreife alles zusammenraffen und verschwinden zu können. Im Laufe einer Woche sammelte sie die Positionen und Maße dieser Decken, baute diese dann in Form von glänzenden Stahlrahmen nach, die später wie fliegende Teppiche (so auch der Titel des Werks) im Raum schweben würden.

Ein anderes Beispiel, das ebenfalls für das Interesse der Künstlerin an den dornigen Themen unserer Zeit steht, ist die Skulptur *Back to Back* (2019). Sie übernimmt die absurde Gestalt von zwei Rücken an Rücken gestellten Berliner Parkbänken und überzieht diese mit Taubenabwehrdrähten. Das Werk ist ein Sinnbild für die fortwährenden Schwierigkeiten im Zusammenleben der deutschen Bevölkerung im Westen und Osten des Landes.

ferent colors were imported from the Neukölln residents' countries of origin, combined with local paving stones, and laid in the sidewalk of the public square. Nadia Kaabi-Linke prepared the intervention in collaboration with her partner, Timo Kaabi-Linke. They initiated a participatory process whereby the citizens of Neukölln were directly involved in redesigning the square. Sociological methods and computer-aided design were used to translate their contributions into a visual pattern.

In *Flying Carpets* (2011), Nadia Kaabi-Linke focused on street vendors in Venice – they too immigrants – and the sheets they spread out on the sidewalk to display their merchandise. These pieces of plastic or cloth allow the peddlers to quickly scoop everything up and flee if they see a police patrol approaching. Over the period of a week, Kaabi-Linke documented the dimensions and precise locations of the sheets on the ground; she then reconstructed their outlines as shiny, stainless steel frames, which are suspended in the exhibition space like the flying carpets alluded to in the work's title.

A further piece that shows Nadia Kaabi-Linke's keen interest in tackling the thorny

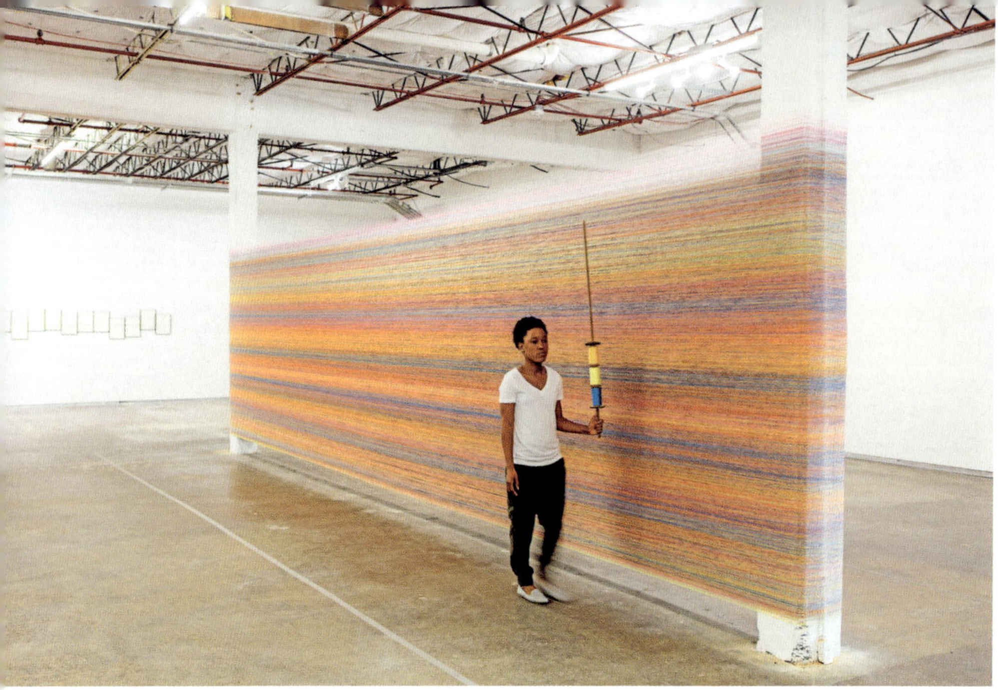

Nadia Kaabi-Linke, *Walk the Line*, 2015, Länge / dimensions 2019 km, Dauer / duration 80 Tage / days, Performance mit farbigem Garn / performance with colored yarn, Ausstellungsansicht / installation view Dallas Contemporary, 2015

Mit Schichten arbeiten

Das Werk von Nadia Kaabi-Linke speist sich aus Fragen der Identität, des Ursprungs, den Beziehungen zu anderen, den diversen Formen von gegenwärtiger Gewalt, aber auch aus politisch-ökonomischen Spannungen (z.B. *Salt & Sand*, 2016, bezieht sich auf das koloniale Salzgeschäft in Indien und die damit einhergegangenen sozialen und ökologischen Verwerfungen). Die Ästhetik wird unmittelbar an den Reibungspunkten der Wirklichkeit geschliffen. Jede Situation, ganz gleich wie heikel sie sein mag, kann in ihrer bildnerischen Gestaltung einen ihr eigenen Ausdruck finden und neue Sichtweisen auf bekannte Sachverhalte und Dinge vermitteln. So etwa die texanisch-mexikanische Grenze. Wie drückt man das menschliche Leid, das diese Nord-Süd-Achse bei Mexikaner*innen, die auf ihrer Suche nach dem amerikanischen Eldorado diese Trennlinie zu überwinden suchen, aus? Die Künstlerin lässt dazu Performer*innen der Fort-Worth-Community in Dallas um zwei Pfeiler im Ausstellungsraum kreisen und diese im Zuge einer meditativen Prozession in der Länge der Grenze von mehreren Tausend Kilometern mit bunten Fäden umwickeln, bis die Ausstellungshalle von einer undurchdringlichen Wand durchschnitten wird (*Walk the Line*).

issues of our day is her sculpture *Back to Back* (2019). It takes the absurd form of two Berlin park benches that have been placed with their backs to each other, and are both covered with pigeon-deterrent spikes. The work is a metaphor for the ongoing tensions between people in the eastern and western parts of Germany.

Working with layers

Nadia Kaabi-Linke's oeuvre centers on addressing questions of identity, origin, interpersonal relations, and diverse forms of contemporary violence, as well as political and economic tensions (*Salt & Sand*, 2016, for example, refers to the salt trade in colonial India and the accompanying social and ecological imbalances). The aesthetic qualities of her works are sharpened by the friction with reality. In Kaabi-Linke's view, every situation – no matter how problematic – can find creative expression and offer new perspectives on familiar themes or circumstances. Take, for example, the border between Texas and Mexico. How can one express the human suffering that this line separating north from south causes to the many Mexicans who try to cross it in their search for the American El Dorado? For her work *Walk the Line* (2015), Nadia Kaabi-Linke asked volunteers from the local community in Dallas–Fort Worth to per-

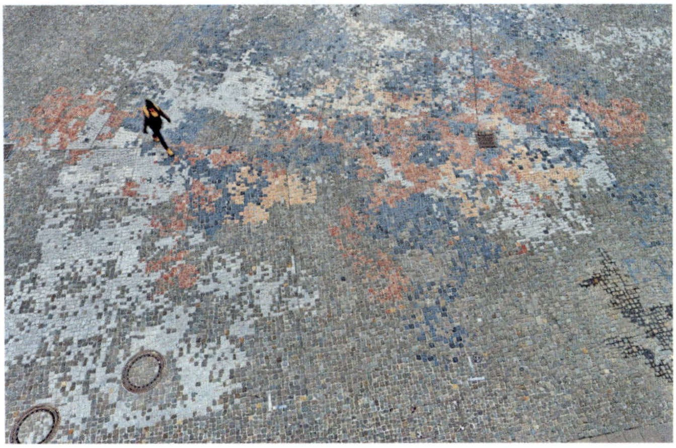

Nadia Kaabi-Linke, *Meinstein*, 2010–2014, 5600 × 2200 cm, Kunstwerk im öffentlichen Raum / public artwork in Berlin-Neukölln

Die häufig vor Ort ausgeführte Kunst von Nadia Kaabi-Linke spricht von einem Hier (einem lokalen Problem) und zugleich von einem Anderswo (da lokale Probleme tatsächlich einem globalen Zusammenhang entspringen), gleichsam einem Übergang von Besonderem zu Allgemeinem.[1] Die Welt sei die Gesamtheit aller Tatsachen, eine Komplexität, erklärt die Künstlerin, der es darum gehe, ihr durch die Annäherung über das Detail eine greifbare Gestalt zu geben. Ihr ist es wichtig, das Wirkliche zu entblättern, es auszugraben und danach zu suchen, was nicht zwangsläufig zu sehen ist. „Ich bleibe davon überzeugt, dass sich die Vielfalt der Welt durch ineinander verschlungene Einzelheiten und in den Irrwegen des Unsichtbaren zu erkennen gibt", erklärt die Künstlerin der Kunstkritikerin Manel Romdhani. Das Wirkliche sei stratifiziert und zwischen diesen Schichten müsse man suchen.[2] Das, was die Welt in Wahrheit zu sehen gibt, ist nicht die Welt als solche, sondern stets eine bestimmte Sichtweise, eine Perspektive, die ebenso aus Maskierungen, Verschweigungen oder Manipulationen hervorgehen kann. Wie aber lässt sich dann die Wahrheit dieser Wirklichkeit aufdecken, und wie kann man ihr einen sinnstiftenden, relevanten und vor allem aufschlussreichen ästhetischen Ausdruck geben? Um darauf eine Antwort zu geben, ist Nadia Kaabi-Linkes Interesse am Ungesagten von zentraler Bedeutung. Zunächst einmal ist das Unausgesprochene, nicht anders als die Selbstzensur, immer auch ein Symptom eines intimen und tieferen Leidens. Paradoxerweise verrät dieses dann mehr über den jeweiligen Fall als es zunächst erscheint.

Das Kunstwerk geht hier stets aus einer Bewusstwerdung (Was genau ist das Reale?) und aus einem Zuhören (Was ist zu hören? Was sagt uns das Rauschen der Welt?) hervor. Kunst, so wie Nadia Kaabi-Linke sie praktiziert, ist anti-expressionistisch. Sie ist stets das Resultat eines längeren Abwägungspro-

form a meditative loop around two columns within the exhibition space. As they walked a total of several thousand kilometers – corresponding to the length of the United States–Mexico border – around the columns, the protagonists wrapped brightly colored thread around them, so that the space ended up being divided by an impenetrable wall.

Nadia Kaabi-Linke's art, which is often created in situ, refers to a "here" (a local issue) but also to an "elsewhere" (the local issue is in fact rooted in a global problem). This is equivalent to shifting between the specific and the universal.[1] The world is the sum of all facts, a complexity, Kaabi-Linke explains; she seeks to give tangible form to this complexity by focusing on its details. For her, the important thing is to peel back the layers of reality – to unearth what is real and look for what is not necessarily visible. "I am convinced that the complexity of the world reveals itself through the intertwining details and in the vagaries of the invisible,"

1 "I start local but it ends universal", im Gespräch über die Ausstellung *Remont* in Kyjiw. "Nadia Kaabi-Linke in conversation", Dallas Contemporary, 2023.

2 "Die Schicht ist die Grundlage meiner Arbeit." (Interview Fondation François Schneider, 2021.)

1 "I start local, but it ends universal." – Nadia Kaabi-Linke, referring to her exhibition *Remont* in Kyiv. *Nadia Kaabi-Linke in Conversation*, Dallas Contemporary, 2023.

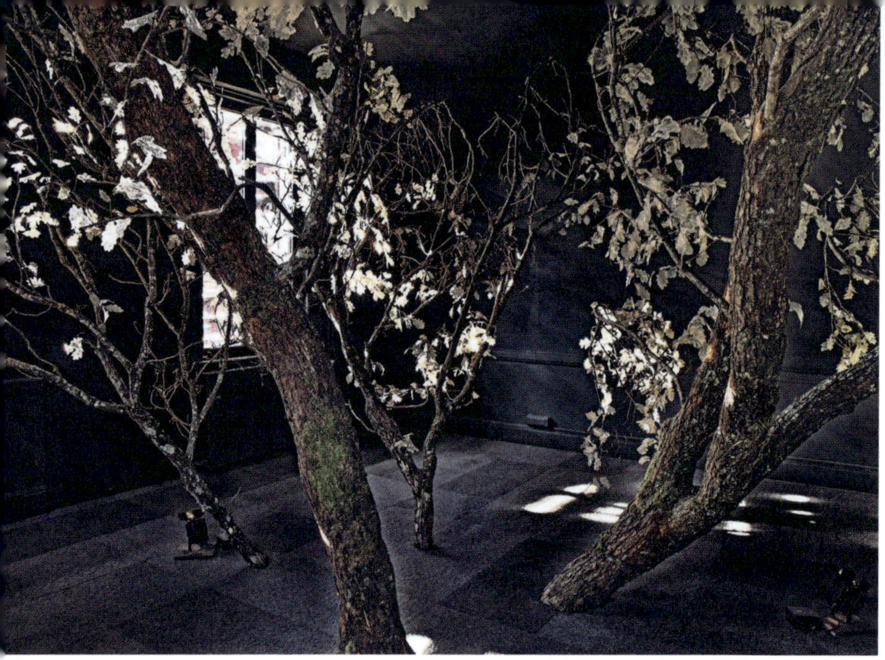

Nadia Kaabi-Linke, *Mumble of the Homecoming Oak*, 2022, **Maße variabel** / dimensions variable, **ortsbezogene Installation** / site-specific installation, **Ausstellungsansicht** / installation view
Lyon Biennale 2022

zesses, eines Sammelns von konkreten Tatsachen und eines Nachdenkens. Das fertige Werk demonstriert strenggenommen einen prozesshaften Ansatz, der stets auf bestimmte Erfahrungszusammenhänge bezogen ist. Nein zum Idealismus, nein um Transzendentalismus, es geht vielmehr darum, sich der Welt in ihrem Werden *hic et nunc* klarzuwerden.

In den harten Kern vordringen

Ist Nadia Kaabi-Linke eine engagierte Künstlerin? Ohne jeden Zweifel. Aber dieses Engagement, sofern es politisch ist, kennt kein „Parteibuch". Es steht nicht im Dienst einer politischen Partie, einer Ideologie oder irgendeines aufdringlichen und sektiererischen Glaubenssystems. Wofür Kaabi-Linke Partei ergreift, das ist zuallererst und ein für alle Mal der Humanismus. Meistens nimmt ihr Humanismus den Blickwinkel des Heilens an. Die Künstlerin zeigt im Gefüge unserer Welt eine Anomalie, eine abnorme oder problematische Situation auf, doch anstatt diese zu bekämpfen oder aus der Welt zu schaffen, sucht sie nach Weisen, wie man sich dazu verhalten kann. Ausgehend von der Feststellung, schafft sie so ein Werk, das zugleich aufdeckt und versöhnt.

Kunst, wie Nadia Kaabi-Linke sie konzipiert, lässt sich auf eine schneidende Formel bringen: sie detektiert. Sie hat aber auch eine

she told the art critic Manel Romdhani. Reality is stratified, Kaabi-Linke maintains, and we must look between its layers.[2] What the world presents to us is in fact not the world, but rather a particular view of it – a perspective that can just as easily be the result of concealment, suppression, or manipulation. How can the truth of reality be determined, and how can this truth be aesthetically expressed in a meaningful, relevant, and above all revealing way? Nadia Kaabi-Linke's interest in the unspoken is crucial to how she answers these questions, above all because the unspoken, like self-censorship, is always a symptom of intimate and profound suffering. Paradoxically, this reveals more about a particular situation than may initially appear.

In this respect, the artwork always results from a process of paying attention and becoming aware (What exactly is the reality here?), and also of careful listening (What is to be heard? What is the noise of the world telling us?) Art, as practiced by Nadia Kaabi-Linke, is anti-expressionistic. It always emerges from a lengthy process of weighing up, of collecting concrete facts, and of reflecting upon these. To be precise, the finished work is the demonstration of a processual approach that is always related to a particular context. This is not about idealism or transcendentalism – it is about giving an account of the world and its becoming *hic et nunc*.

weichere und großzügige Seite. Sie heilt und reiht sich mit den ihr eigenen Mitteln in die große internationale Bewegung des *Care* ein und nimmt teil an der Bekämpfung von Oppressionen in Verteidigung einer „verletzlichen Welt" (Joan Tronto). Die Künstlerin belehrt nicht, sie verkauft keinen kanonischen Text oder irgendeinen Glauben, doch sie regt auf zarte, subtile und stets nicht-autoritäre Weise dazu an, sich über etwas bewusst zu werden. Manche ihrer Arbeiten suchen dabei ihre eigene Lesbarkeit und stecken voller Anspielungen anstatt klarer Botschaften. Das trifft etwa auf die großen Leinwände der *Kula*-Serie zu, die ihrem Wesen nach zwar abstrakt erscheinen und glauben lassen könnten, dass schwarze Farbe ihr dominantes bildnerisches Element sei. Letzten Endes sind die Gemälde der *Kula*-Serie echte Malereien. Dennoch verweisen sie mit ihrem Titel, den die Deutschsprachigen vielleicht noch verstehen können, zurück auf ihr eigentümliches Material, die Braunkohle („kula" im Germanischen, „kol" im Mittelhochdeutschen), und damit auf jenen umweltschädlichen Brennstoff, der im Land Goethes noch massiv abgebaut wird. In der Folge des russischen Angriffs auf die Ukraine hat dieser fossile Energieträger wieder an Bedeutung gewonnen, nachdem die geopolitischen Umstände zur Durchsetzung von internationalen Sanktionen geführt und das Angebot des bis dahin viel genutzten russischen Gases drastisch verknappt haben.

Auf den Spuren von Beuys: an update

Nadia Kaabi-Linke hat fraglos ihr Lager bezogen, es ist das der Erniedrigten und Angegriffenen: die Migrant*innen (*Flying Carpets*, *Meinstein*, *Walk the Line*), die Opfer von häuslicher Gewalt (*Impunities*), die Opfer des Krieges (*Bud'mo*, *Das Kapital – Epilogue: A Fable about the End of an Era*) oder diejenigen Menschen, deren nationale Geschichte ausgelöscht werden sollte, um die Leugnung ihrer Existenz umso leichter zu machen (*Blindstrom*, ein Werk, das ukrainischen Gemälden gewidmet ist, die unter dem Sowjetregime Josef Stalins unkenntlich gemacht wurden). Die Aufmerksamkeit dieser beispielhaften Künstlerin

Getting to the core of the issue

Is Nadia Kaabi-Linke an engaged artist? Without a doubt. But her engagement, insofar as it is political, is not that of a card-carrying party member. It does not serve a political party, an ideology, or an insistent, sectarian belief system. Kaabi-Linke will, however, always take the side of humanism – first and foremost, and once and for all. Her humanism mainly approaches issues from a perspective of healing or repairing. She calls attention to an anomaly – an abnormal or problematic situation – in the way our world operates, but rather than opposing or eliminating this situation, she seeks ways to respond to it. Based on her observation, she creates a work that both reveals and reconciles.

Nadia Kaabi-Linke's concept of art can be succinctly summarized: it detects and exposes. But it also has a softer, generous side: it cares, and in its own way forms part of the large global movement of "caring" that fights against forms of oppression and defends the "vulnerable world" (Joan Tronto). Nadia Kaabi-Linke does not lecture us; she is not trying to sell us some kind of canonic text or belief. Instead, in a gentle, subtle, never authoritarian manner, she encourages us to become more aware of a particular situation or issue. Some of her works rest at the edge of legibility and are filled with allusions rather than clear messages. This applies, for example, to the large canvases in her *Kula* series – abstract compositions that could lead us to believe that their dominant element is black paint. The pieces in the *Kula* series are indeed authentic works of painting. The title, however – which German speakers should have little difficulty understanding – points to the unusual medium she has used: lignite ("kula" in Germanic; "kol" in Middle High German). The brownish-black coal is a polluting fuel that is still extensively mined in the land of Goethe. Lignite has become increasingly important since the Russian invasion of Ukraine; the geopolitical situation led to the imposition of international sanctions and hence to a drastic reduction in

2 "The layer is the fundamental element of my work." Interview with Fondation François Schneider, 2021.

führt sie wiederum zu persönlichen Bekenntnissen, die sie sorgfältig sammelt, mit dem Ziel, sie diskret und niemals donnernd wiederherzustellen (*Mumble of the Homecoming Oak*). Ihre zwischen Atelier und Außenwelt geteilte Vorgehensweise befördert bewusst einen öffentlichen Austausch und ein partizipatives Handeln im Sinne eines Modells, das Joseph Beuys einst „soziale Plastik" genannt hat. Das alles bringt ein Werk für unsere Zeit hervor, das zugleich klar, einfühlsam und dazu berufen ist, geteilt zu werden, damit das Reich des Guten am besten profitieren kann.

supplies of Russian gas, a fossil energy source on which Germany was highly dependent.

Following in the footsteps of Beuys: an update

There can be no doubt that Nadia Kaabi-Linke has chosen her side. It is the side of those who are humiliated or attacked: migrants (*Flying Carpets*, *Meinstein*, *Walk the Line*), victims of domestic violence (*Impunities*), victims of war (*Bud'mo*, *Das Kapital – Epilogue: A Fable about the End of an Era*), and people who have been subject to attempts to erase their national history and deny their very existence (*Blindstrom*, a work devoted to Ukrainian paintings that were partially erased and suppressed under Josef Stalin's Soviet regime). The exceptional artist has also focused her attention on personal testimonies, which she carefully collected and reproduced in her typically discrete, never strident manner (*Mumble of the Homecoming Oak*). Nadia Kaabi-Linke's artistic practice, which is divided between the studio and the outside world, consciously involves and promotes public exchange and participatory action, in line with what Joseph Beuys once termed "social sculpture." The result is a body of work for our time, at once clear, sensitive, and intended to be shared – for the greater benefit of the "empire of the good."

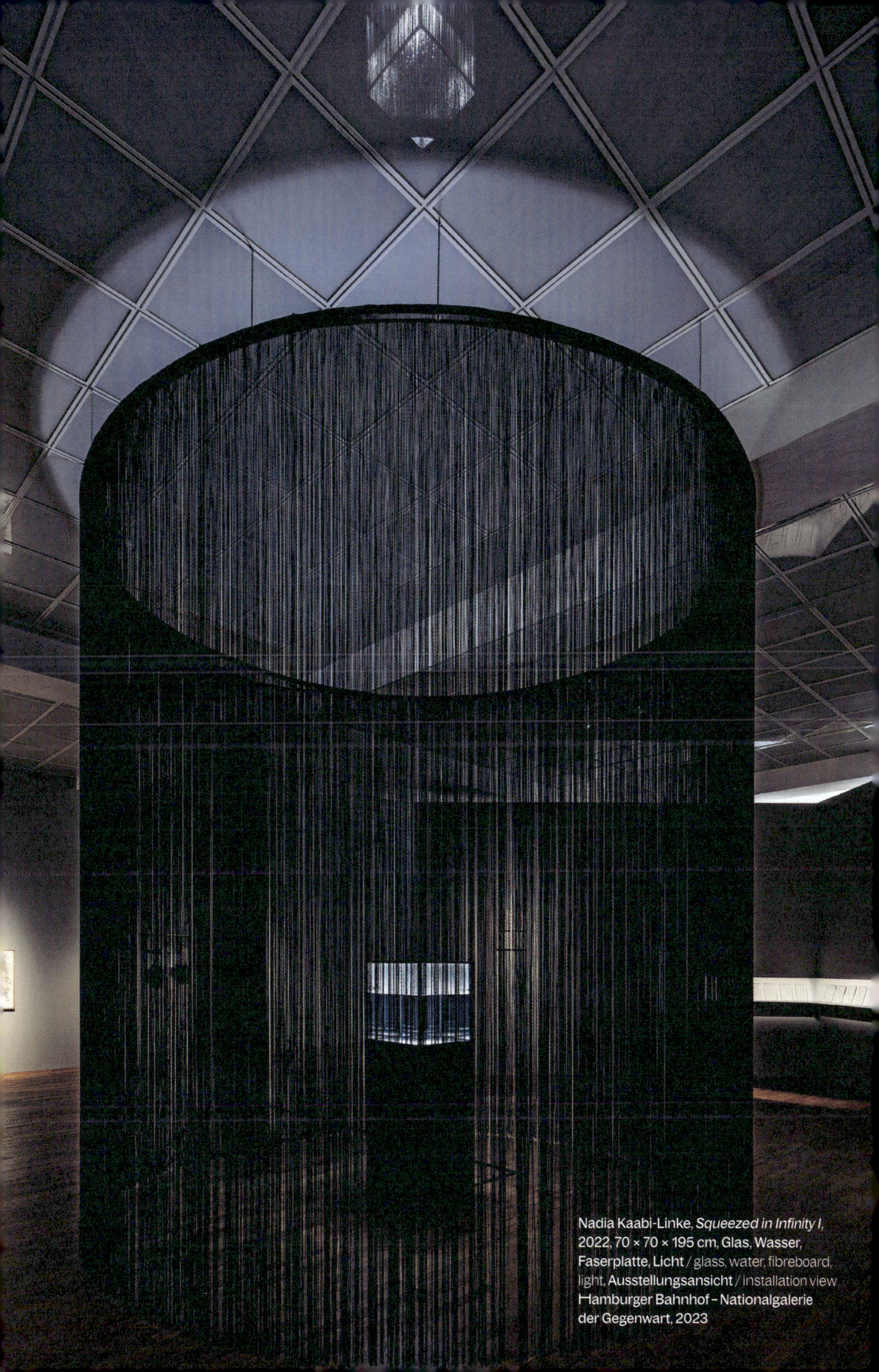

Nadia Kaabi-Linke, *Squeezed in Infinity I*, 2022, 70 × 70 × 195 cm, Glas, Wasser, Faserplatte, Licht / glass, water, fibreboard, light, Ausstellungsansicht / installation view Hamburger Bahnhof – Nationalgalerie der Gegenwart, 2023

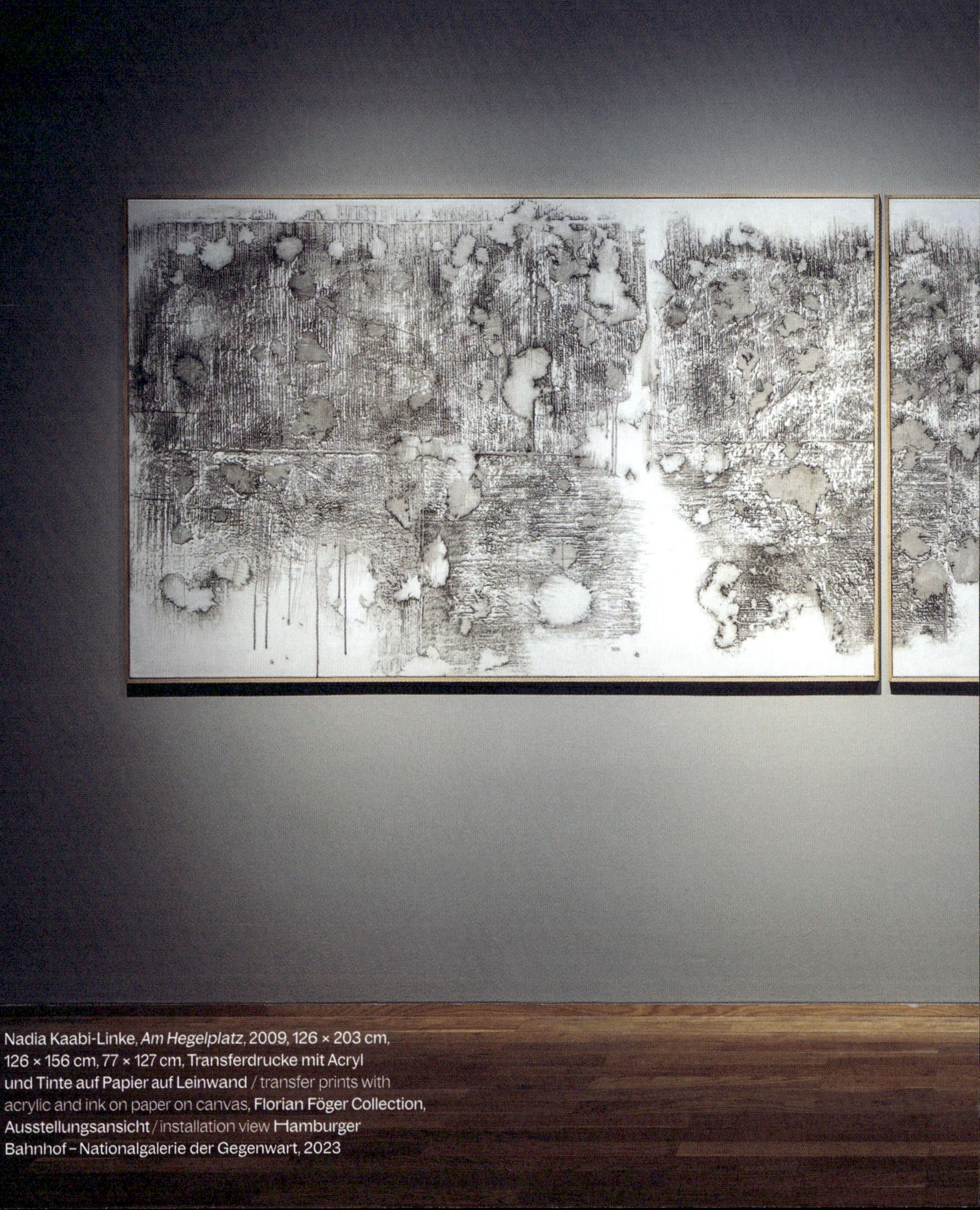

Nadia Kaabi-Linke, *Am Hegelplatz*, 2009, 126 × 203 cm, 126 × 156 cm, 77 × 127 cm, Transferdrucke mit Acryl und Tinte auf Papier auf Leinwand / transfer prints with acrylic and ink on paper on canvas, Florian Föger Collection, Ausstellungsansicht / installation view Hamburger Bahnhof – Nationalgalerie der Gegenwart, 2023

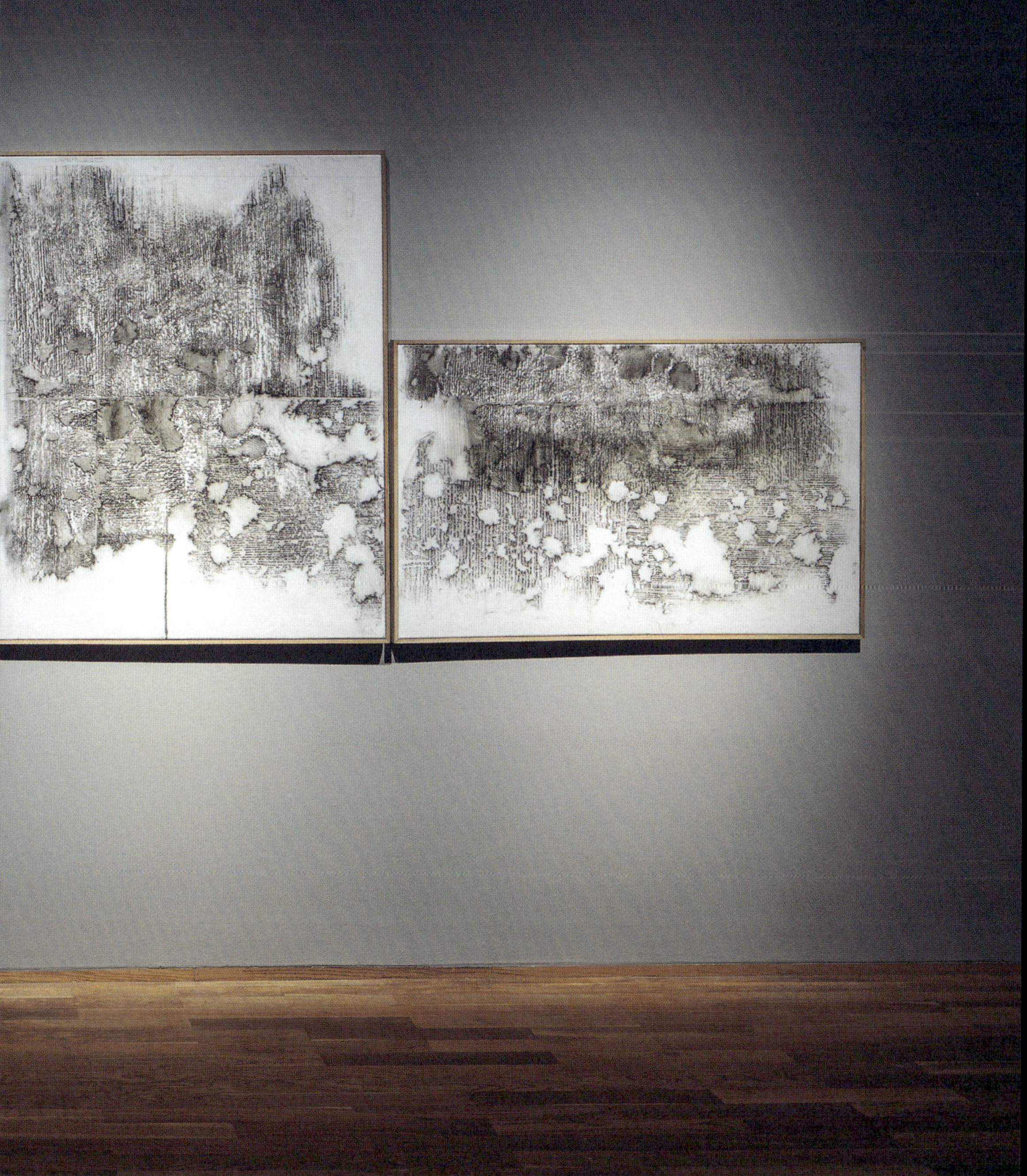

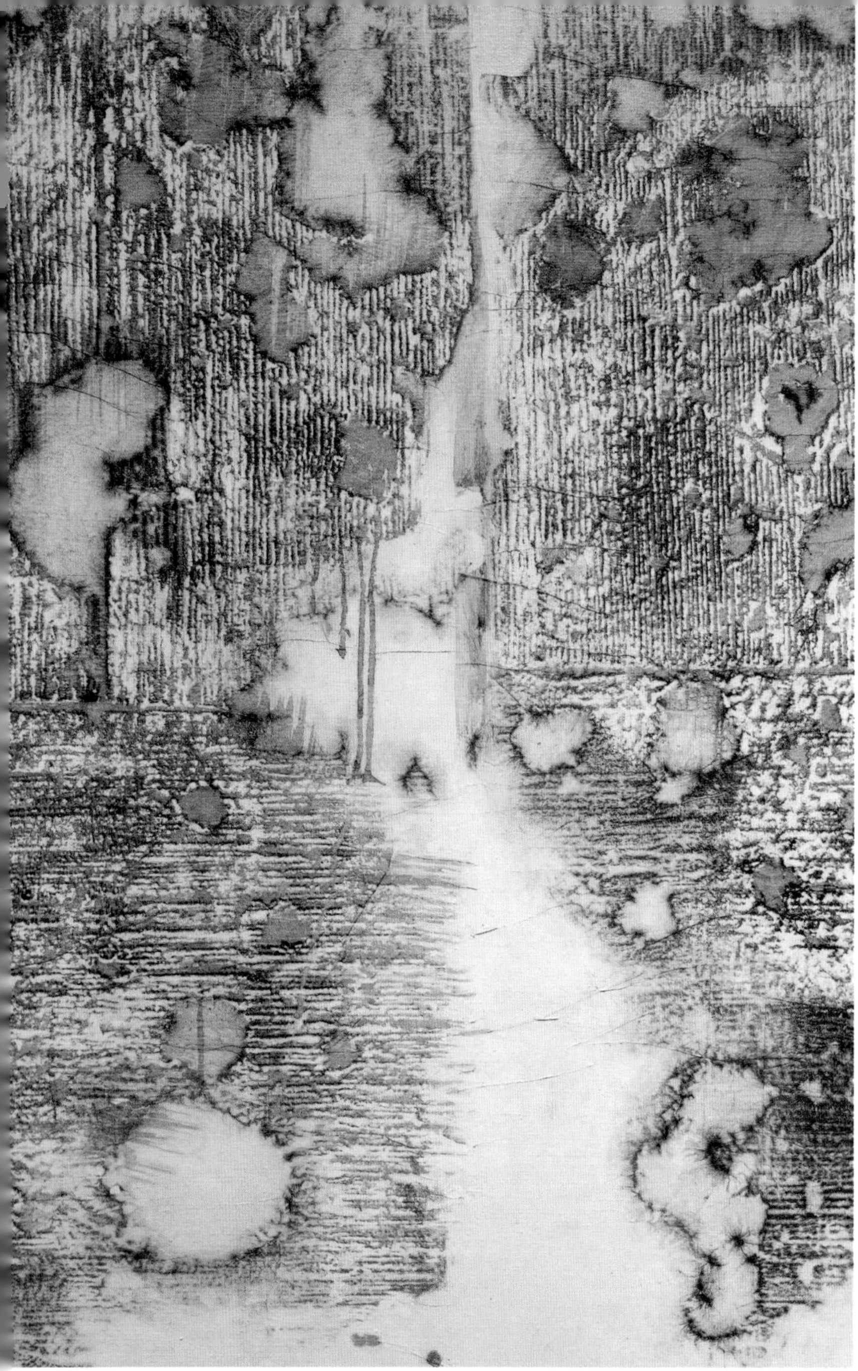

Nadia Kaabi-Linke, *Am Hegelplatz,* 2009, Detail

Nadia Kaabi-Linke, *Mistake out – Friedrichstadt,* 2019, Detail

Nadia Kaabi-Linke, ***Mistake out – Friedrichstadt*****, 2019, 420 × 940 cm, über 400 lasergeschnittene Seriegraphiekarten mit Korrekturflüssigkeit an der Wand, Neodym-Magnete** / over 400 laser cut seriegraphy cards with correction fluid on the wall, neodymium magnets, **Ausstellungsansicht** / installation view **Hamburger Bahnhof – Nationalgalerie der Gegenwart, 2023**

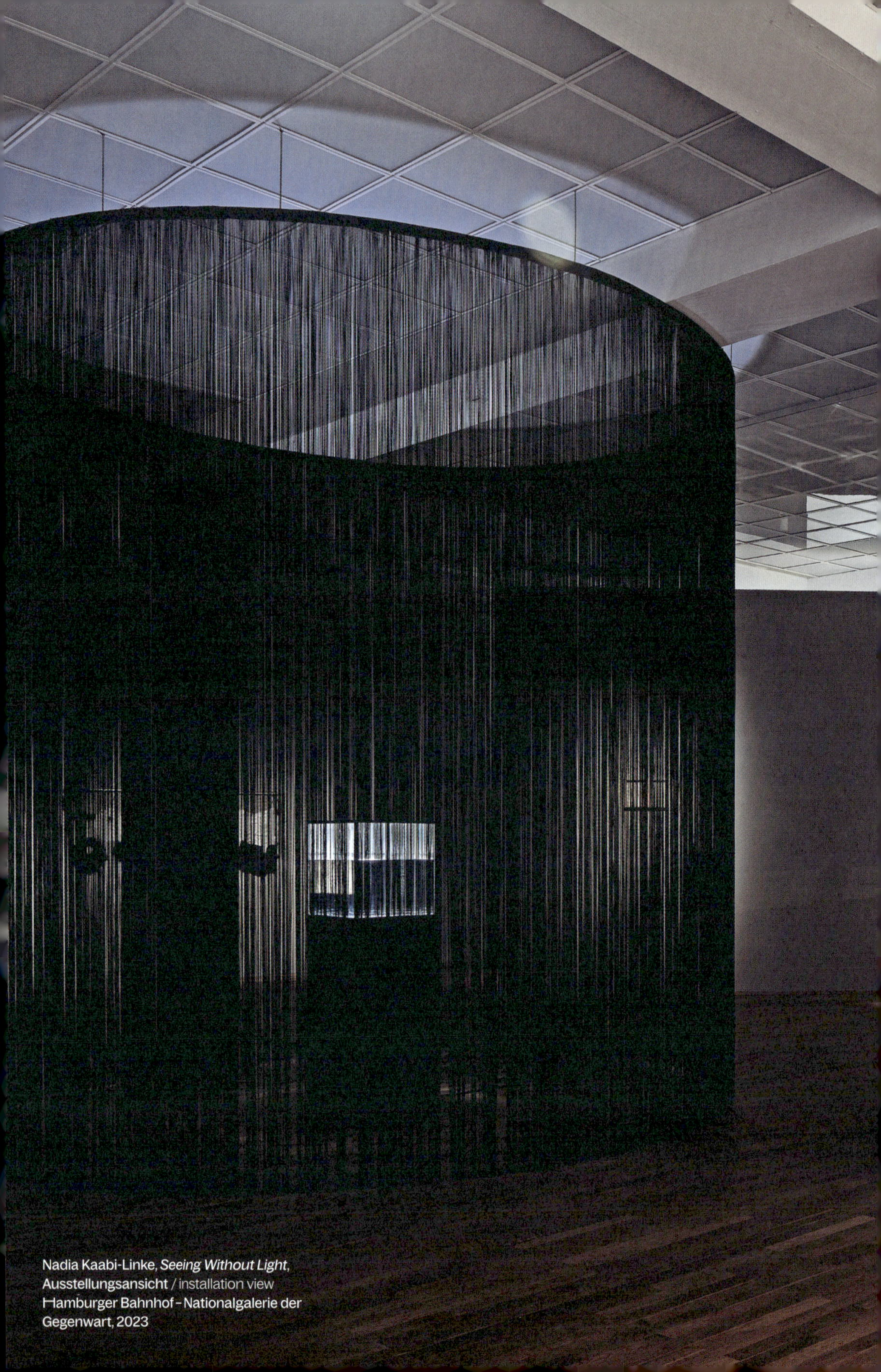

Nadia Kaabi-Linke, *Seeing Without Light*,
Ausstellungsansicht / installation view
Hamburger Bahnhof – Nationalgalerie der
Gegenwart, 2023

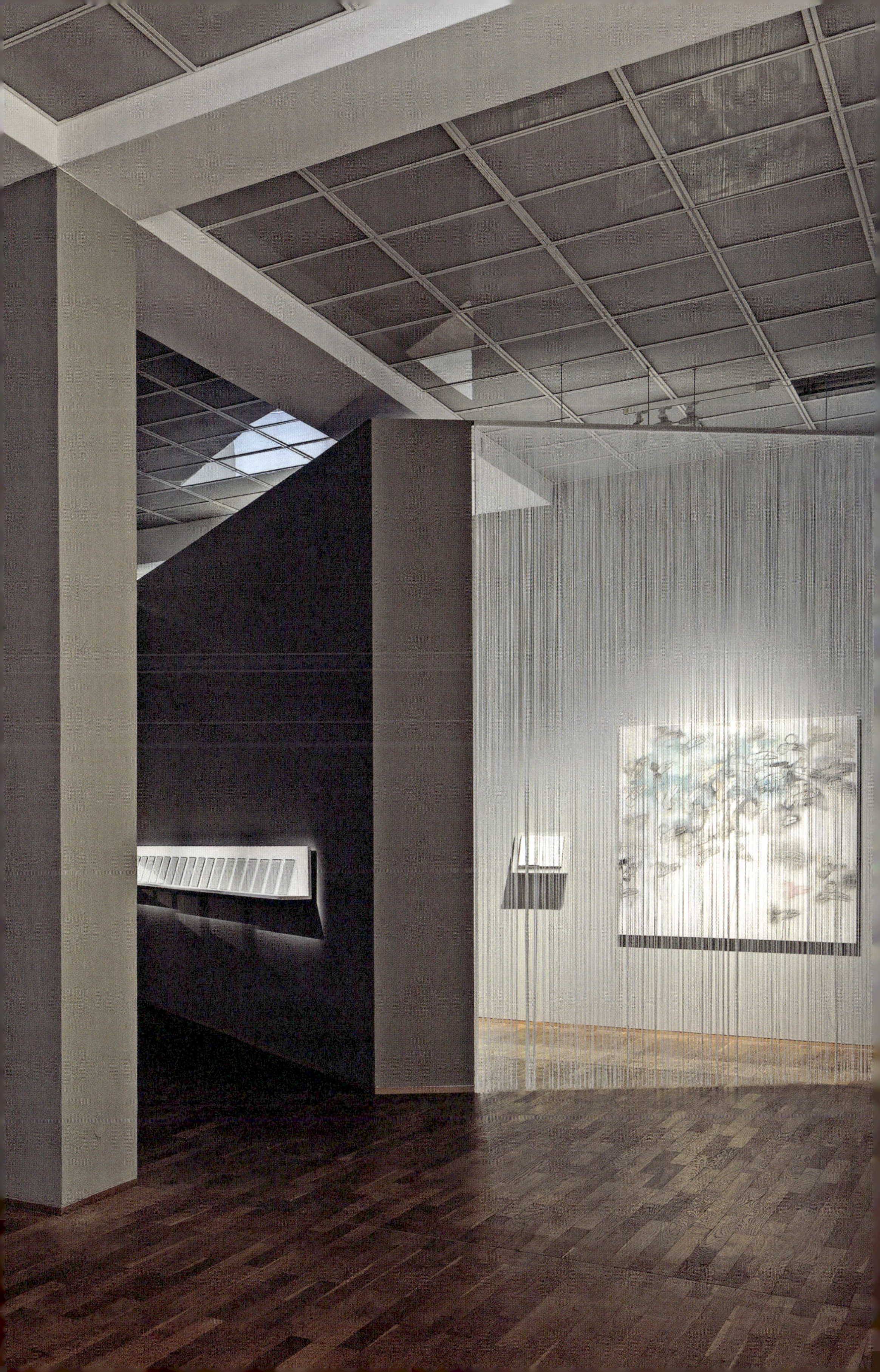

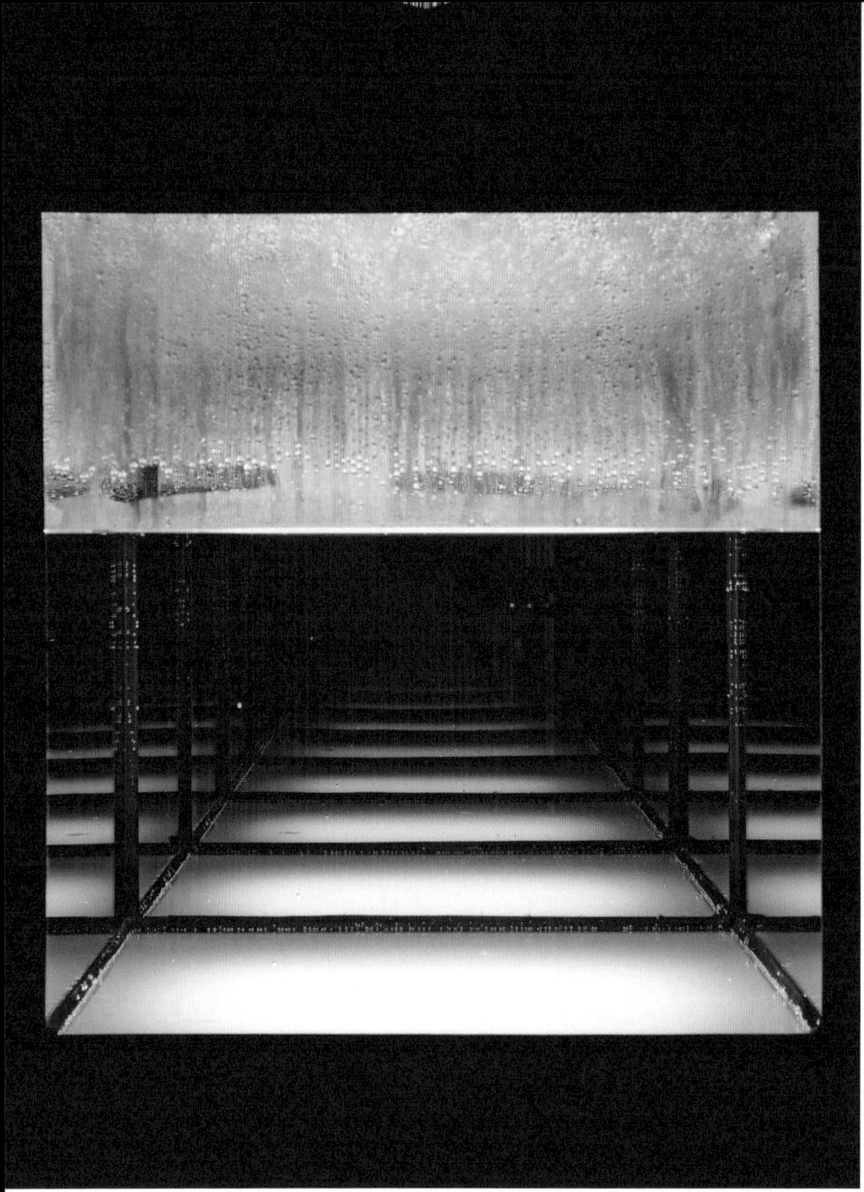

Nadia Kaabi-Linke, *Squeezed in Infinity I*, 2022, Detail

Nadia Kaabi-Linke, *Butcher Bliss*, 2010, **Maße variabel** / dimenstions variable, **Porzellan, Edelstahl** / porcelain, stainless steel, **Ausstellungsansicht** / installation view **Hamburger Bahnhof – Nationalgalerie der Gegenwart, 2023**

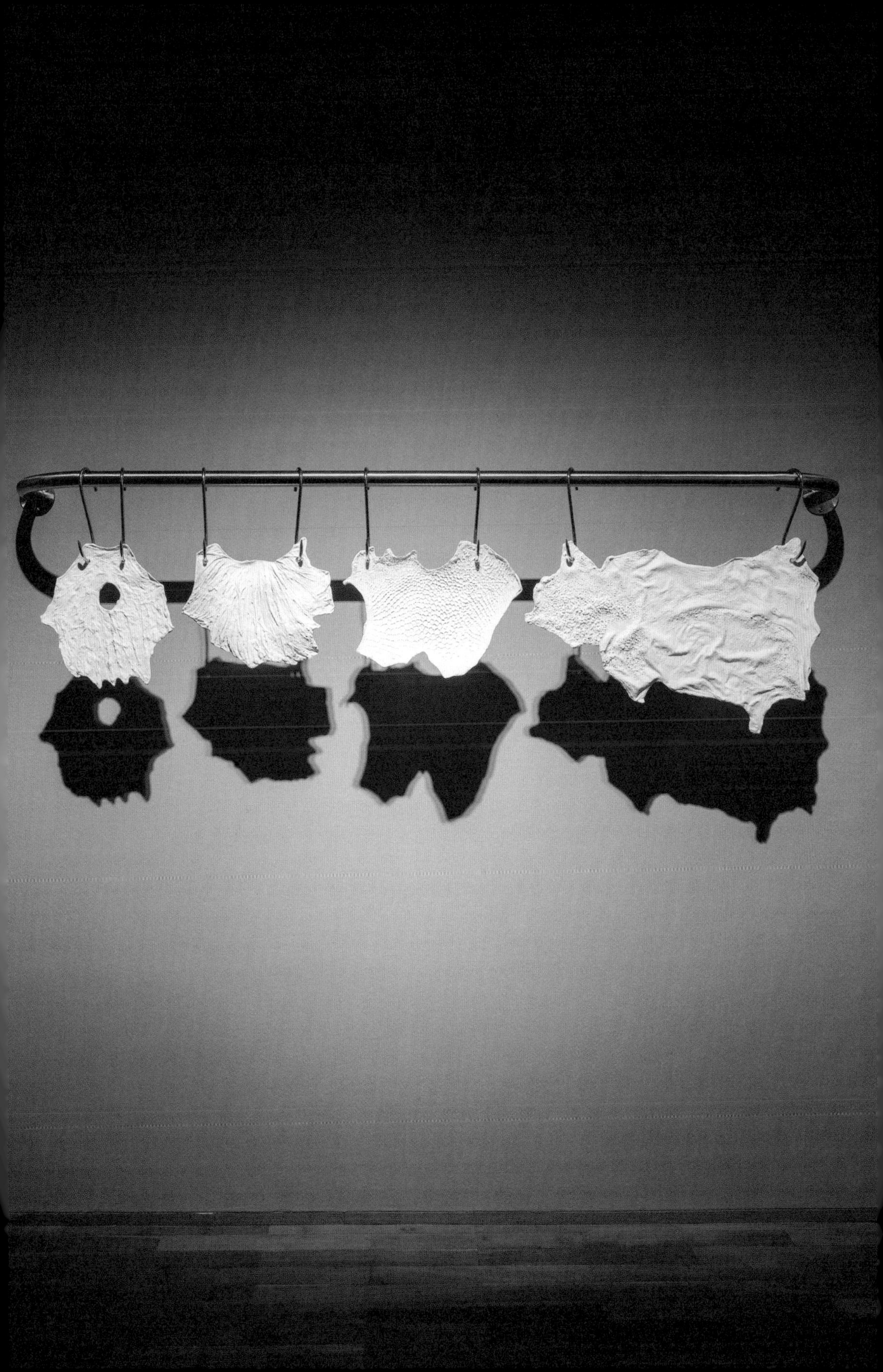

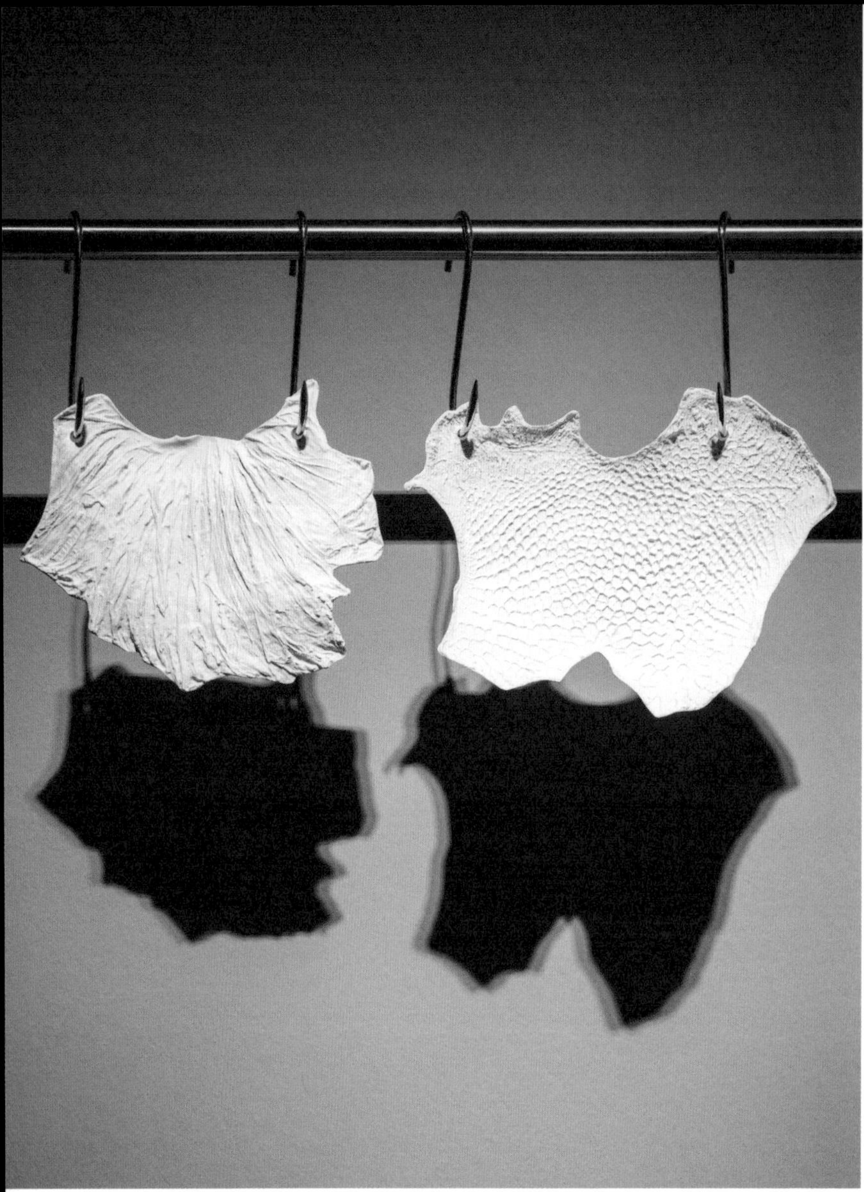

Nadia Kaabi-Linke, *Butcher Bliss*, 2010, Detail

Nadia Kaabi-Linke, *Squeezed in Infinity I*, 2022, 70 × 70 × 195 cm, Glas, Wasser, Faserplatte, Licht / glass, water, fibreboard, light, Ausstellungsansicht / installation view Hamburger Bahnhof – Nationalgalerie der Gegenwart, 2023

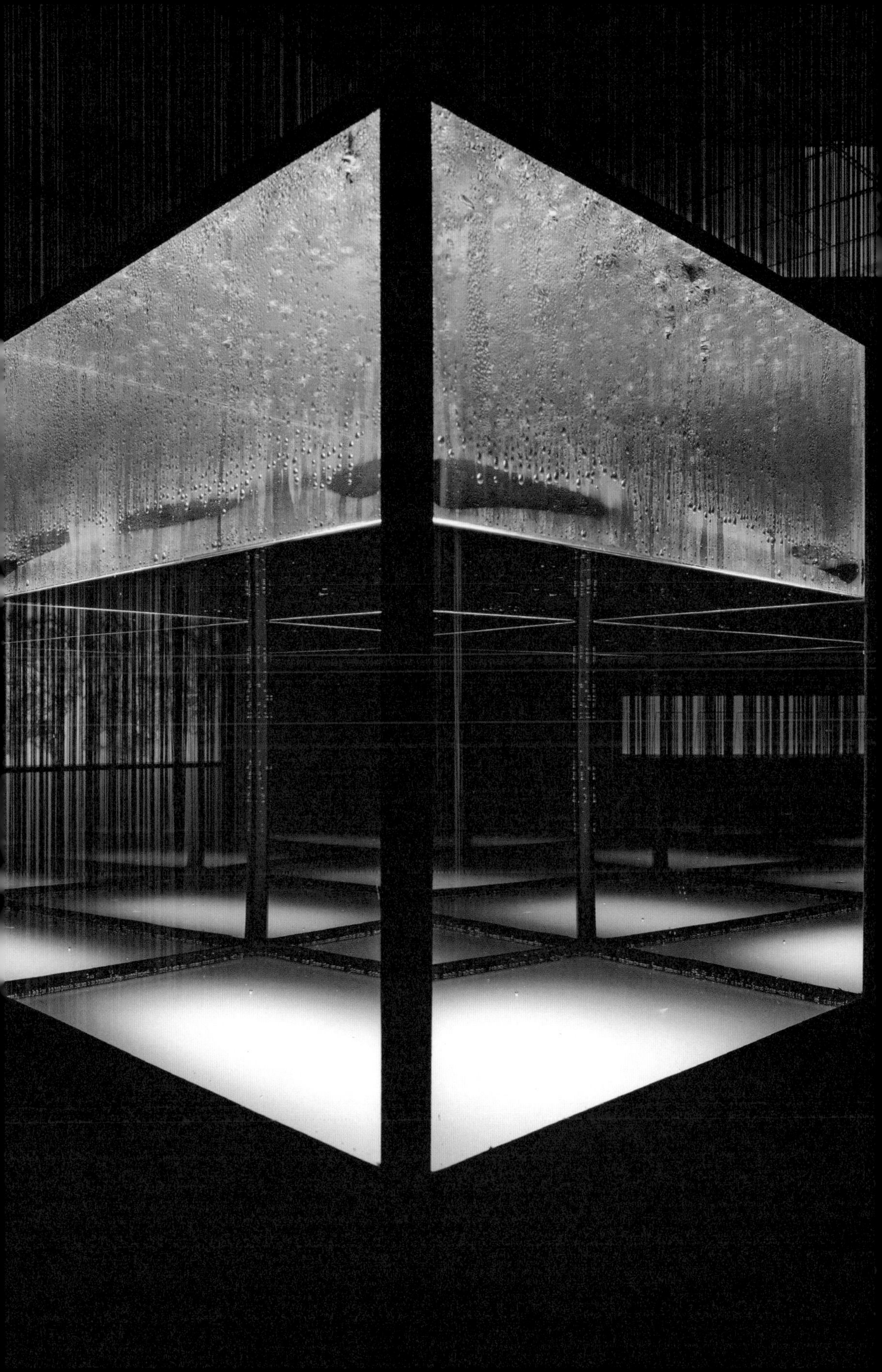

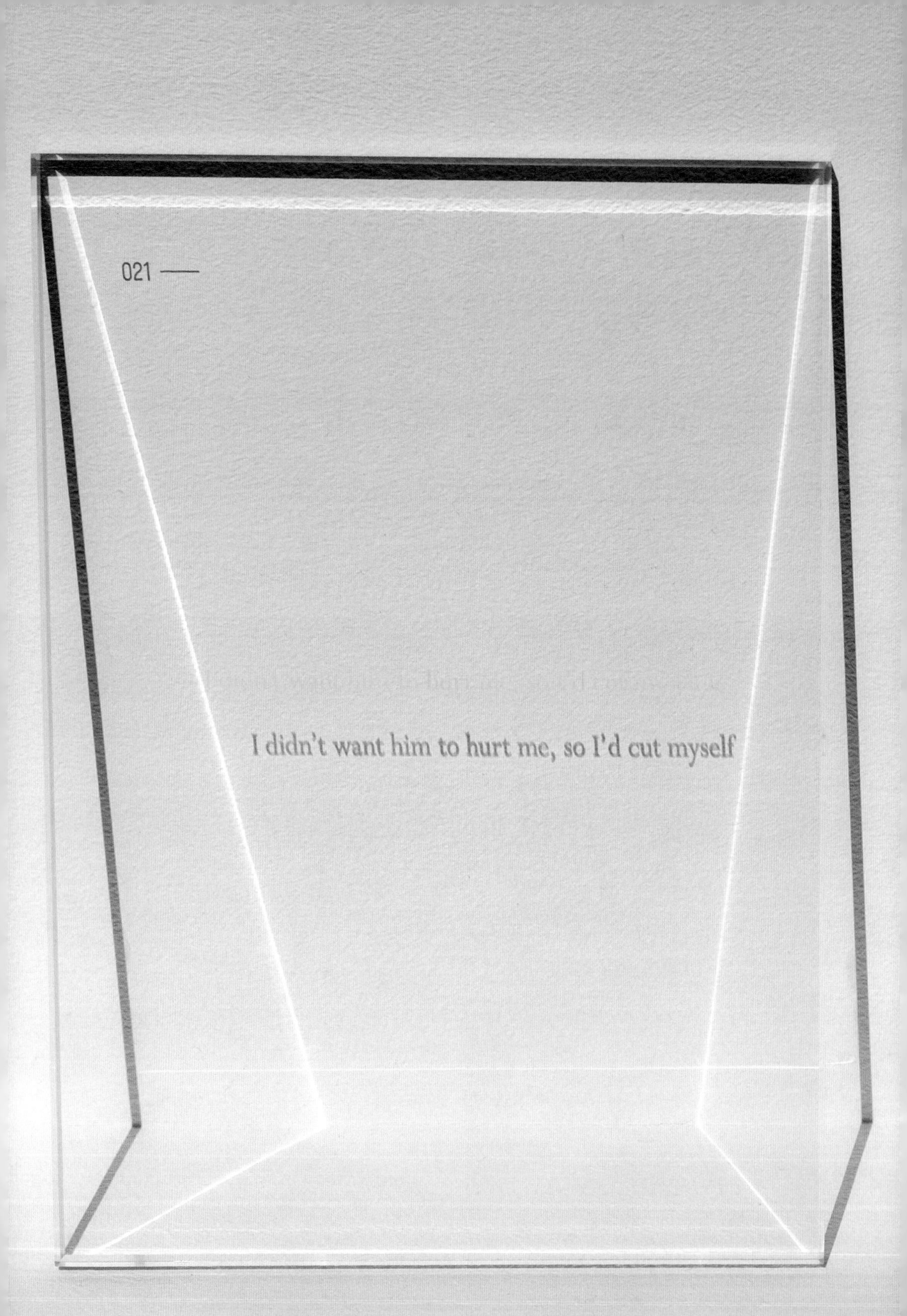

Nadia Kaabi-Linke, *Impunities*, 2012, Detail

022 ——

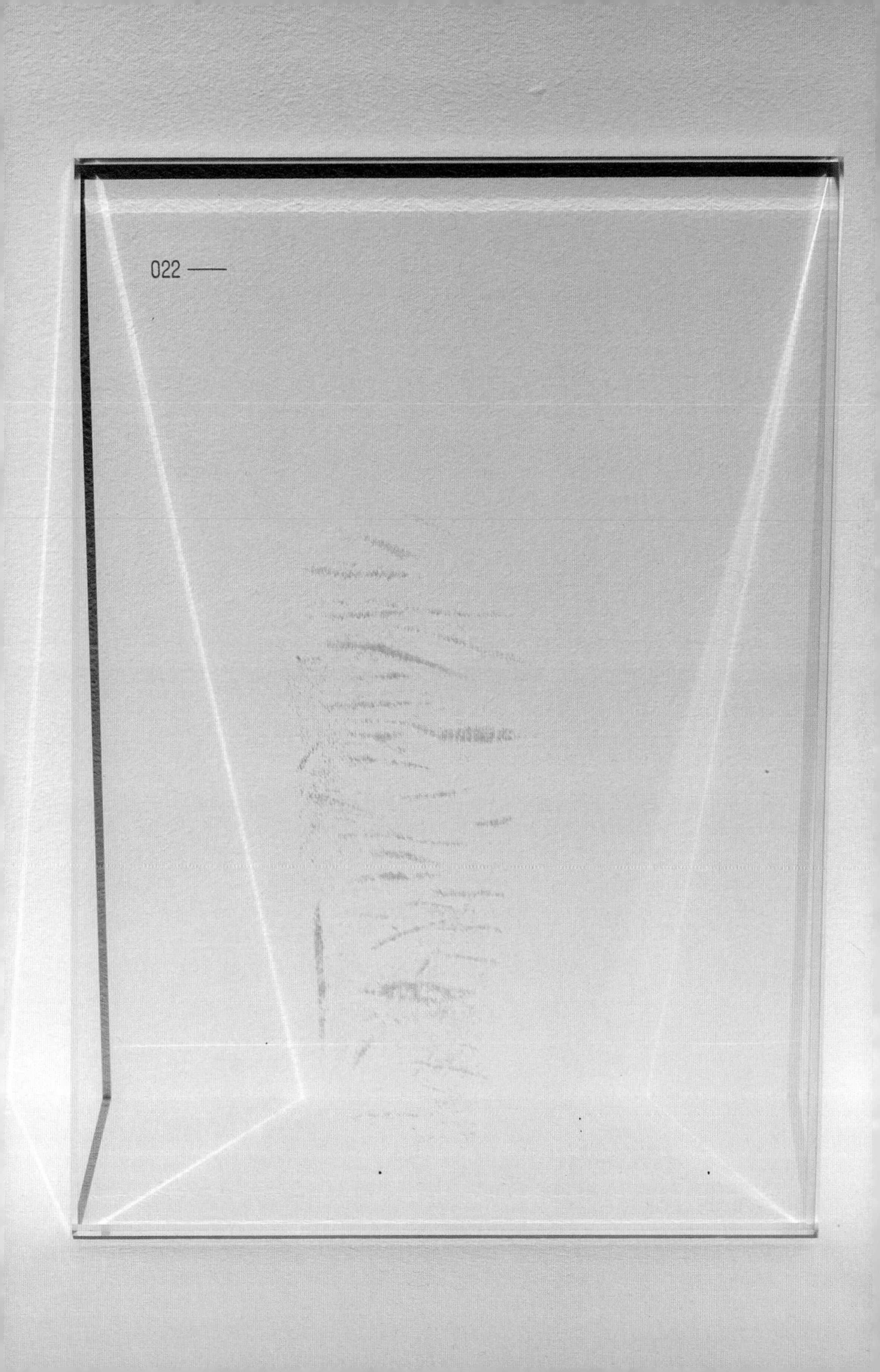

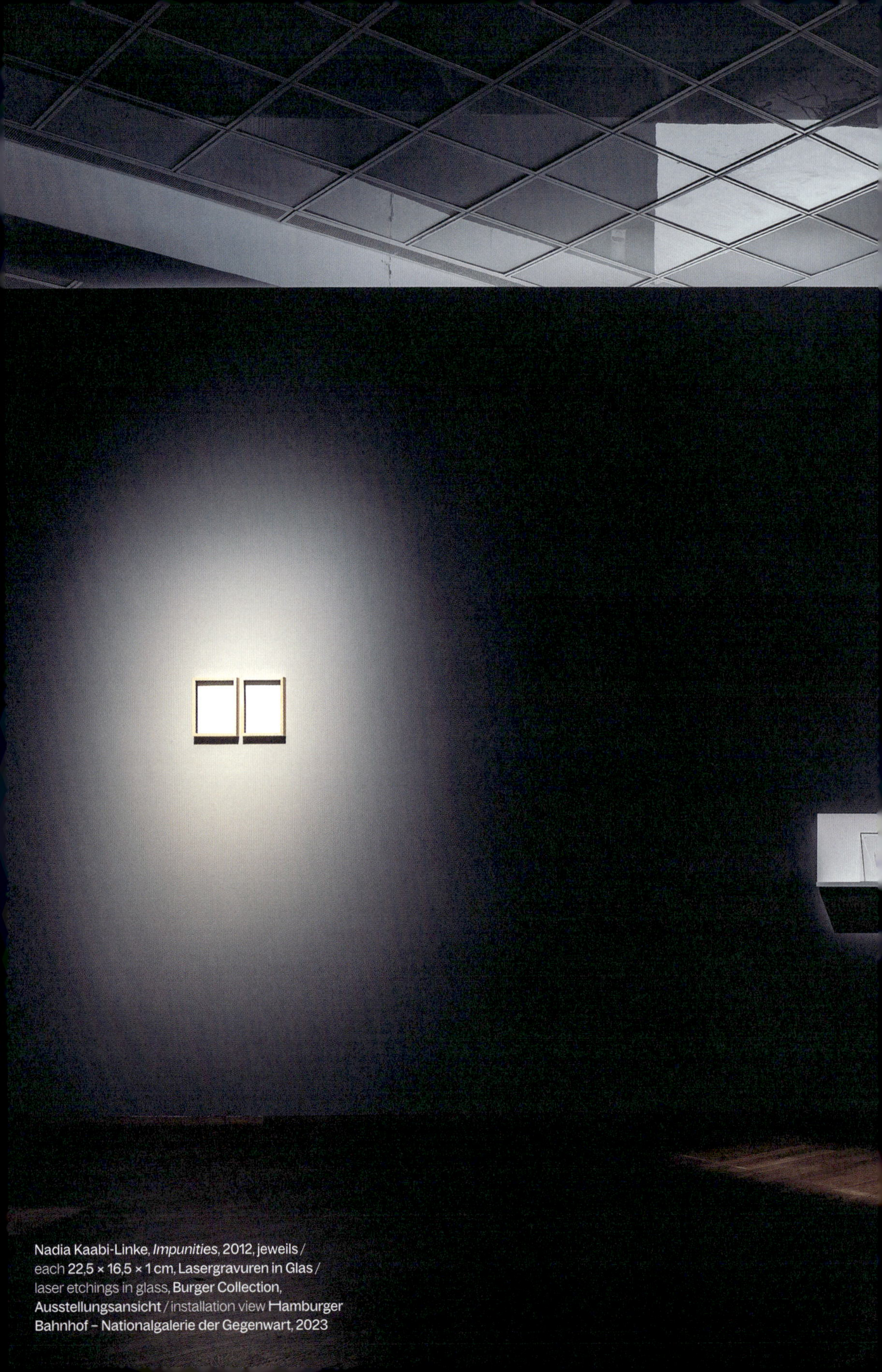

Nadia Kaabi-Linke, *Impunities*, 2012, jeweils / each 22,5 × 16,5 × 1 cm, Lasergravuren in Glas / laser etchings in glass, Burger Collection, Ausstellungsansicht / installation view Hamburger Bahnhof – Nationalgalerie der Gegenwart, 2023

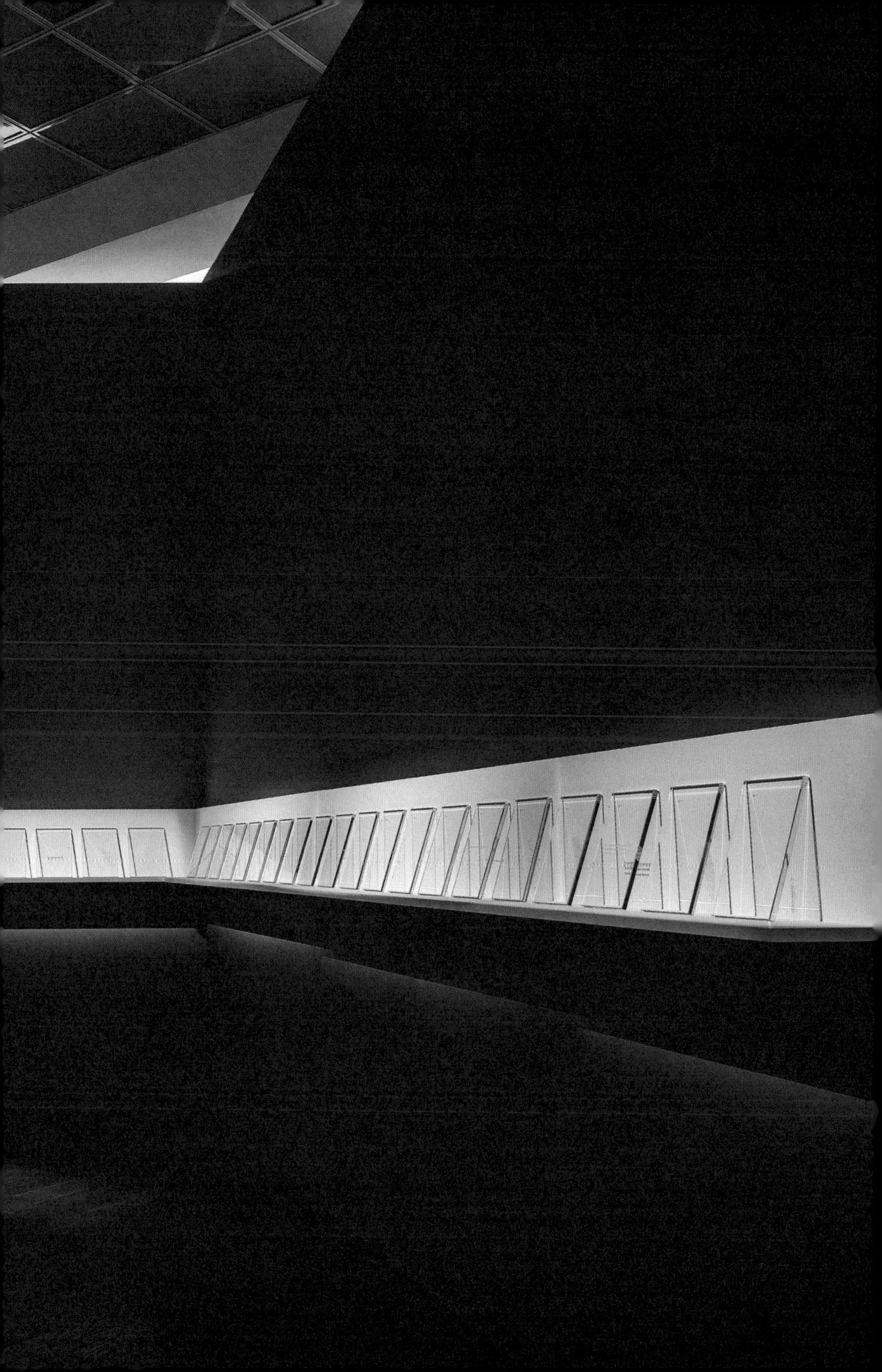

Nadia Kaabi-Linke, *Everything I Always Wanted to Tell You*, 2013, 18 × 24 × 3 cm, Glas, Haar, Papier, Holz / glass, hair, paper, wood
Ausstellungsansicht / installation view
Hamburger Bahnhof – Nationalgalerie der Gegenwart, 2023

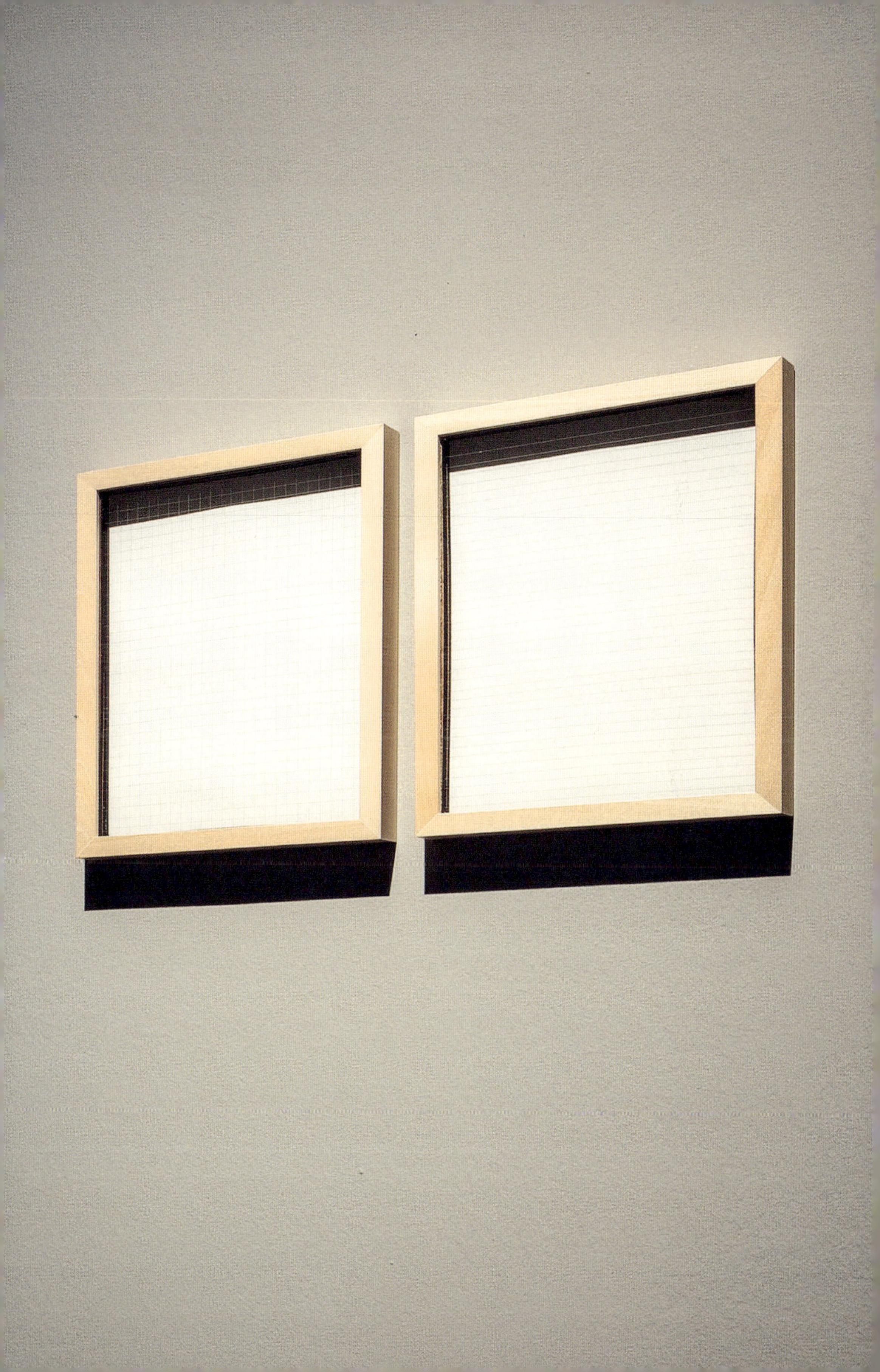

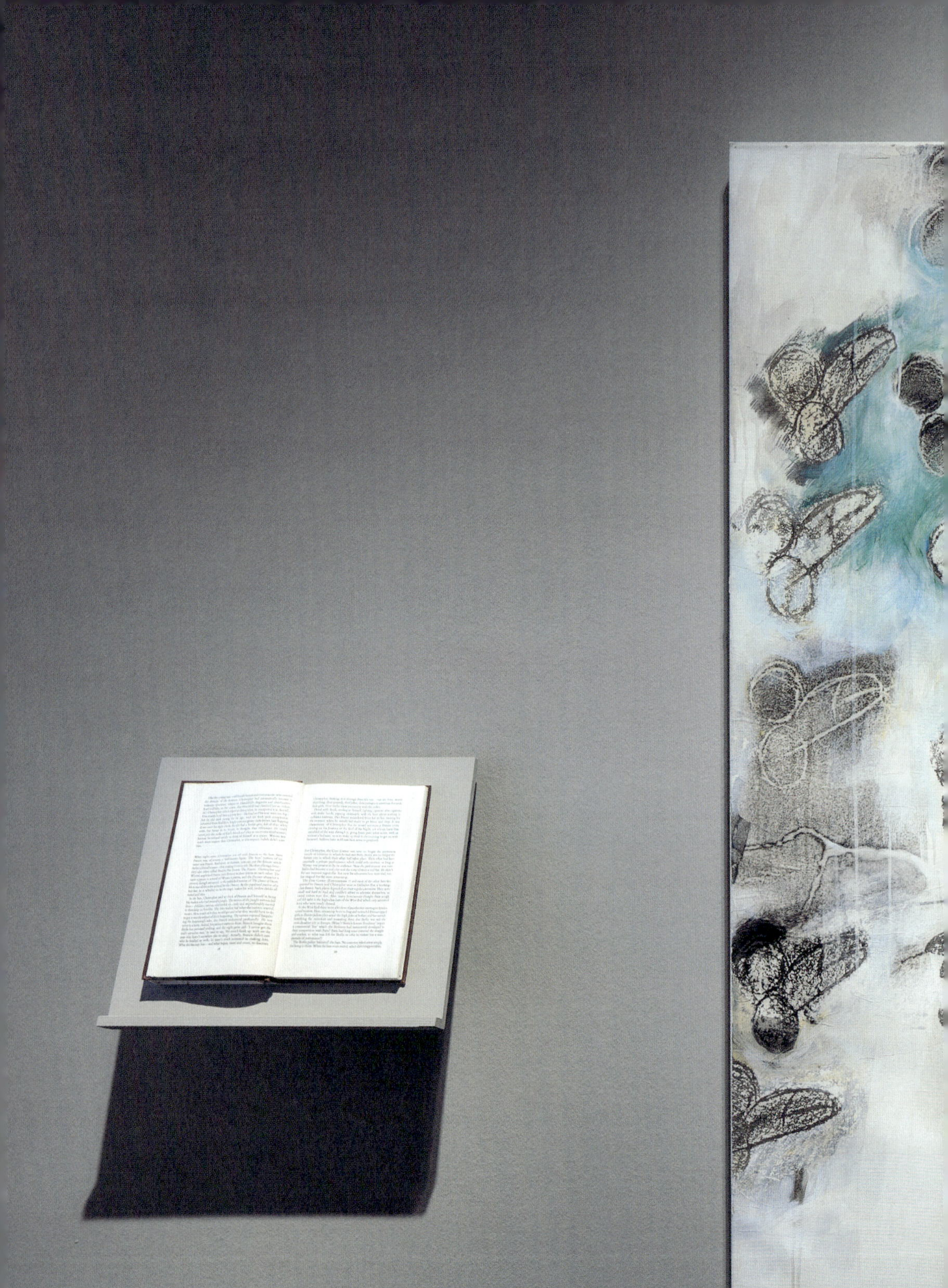

Nadia Kaabi-Linke, *These Goddamn Boys All Stealing*, 2008, 150 × 150 cm, Transferdrucke mit Acryl und Tinte auf Papier auf Leinwand / transfer prints with acrylic and ink on paper on canvas, Ausstellungsansicht / installation view Hamburger Bahnhof – Nationalgalerie der Gegenwart, 2023

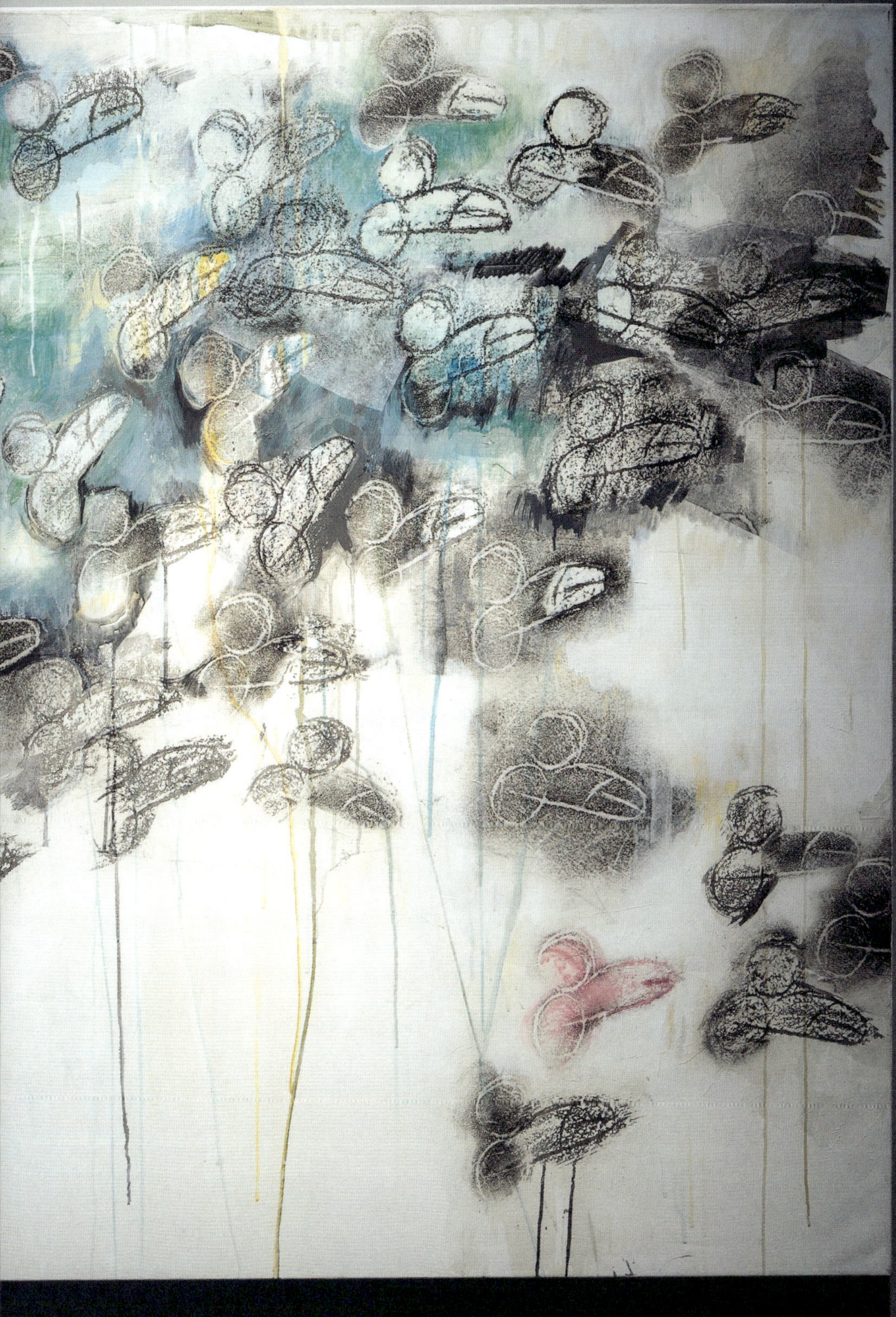

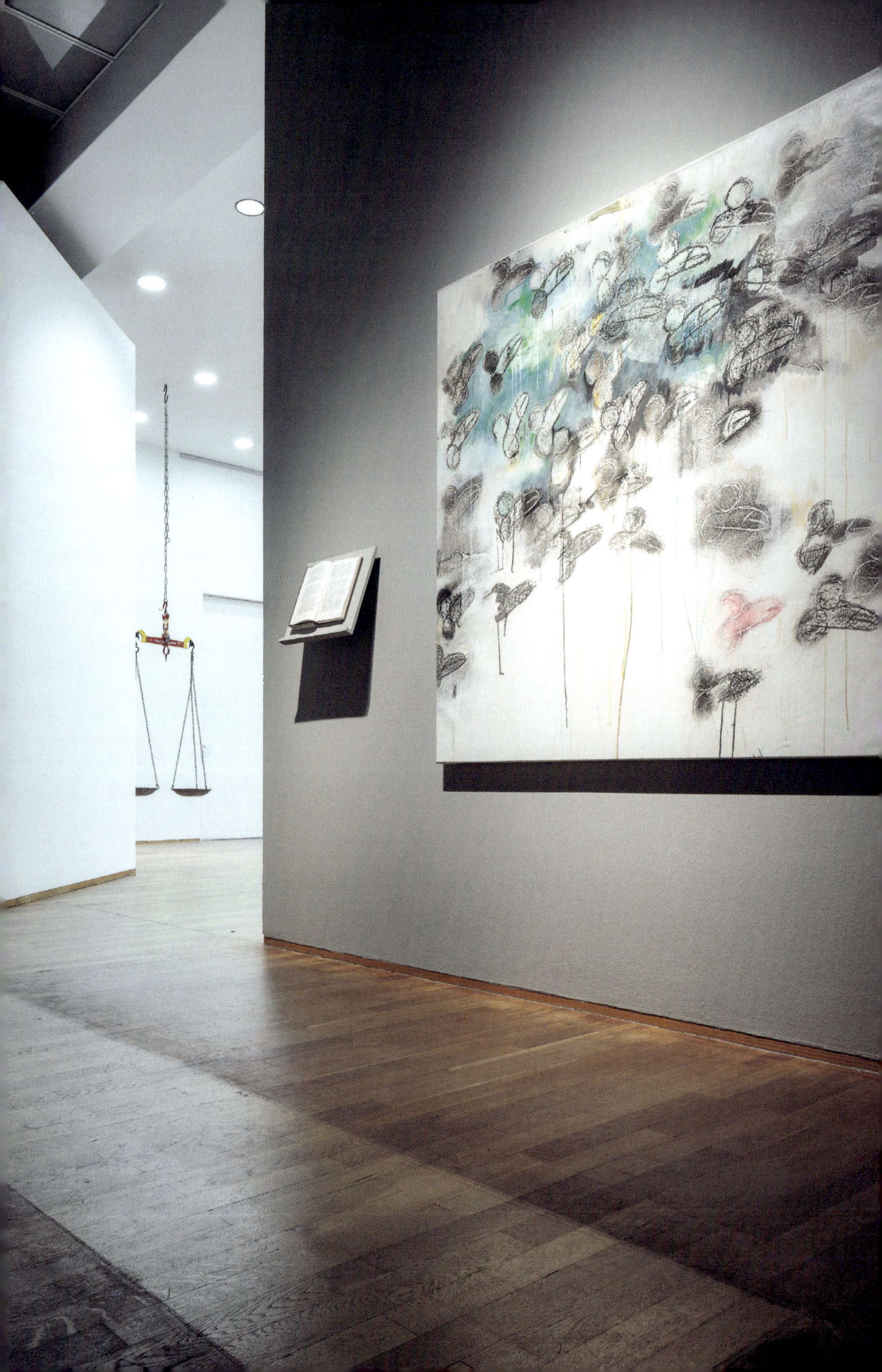

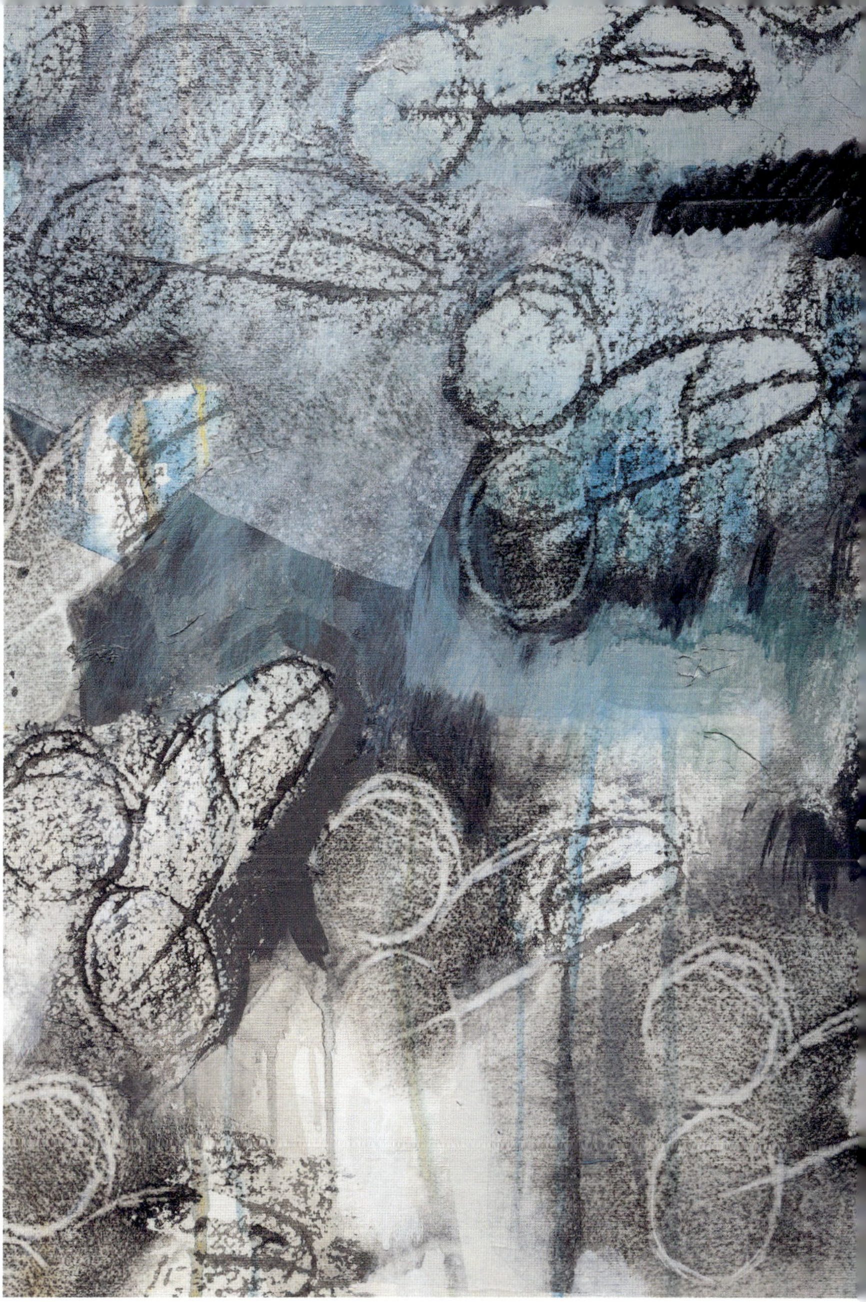

Nadia Kaabi-Linke, *Seeing Without Light*,
Ausstellungsansicht / installation view
Hamburger Bahnhof – Nationalgalerie der Gegenwart, 2023

Nadia Kaabi-Linke, *These Goddamn Boys All Stealing*, 2008, Detail

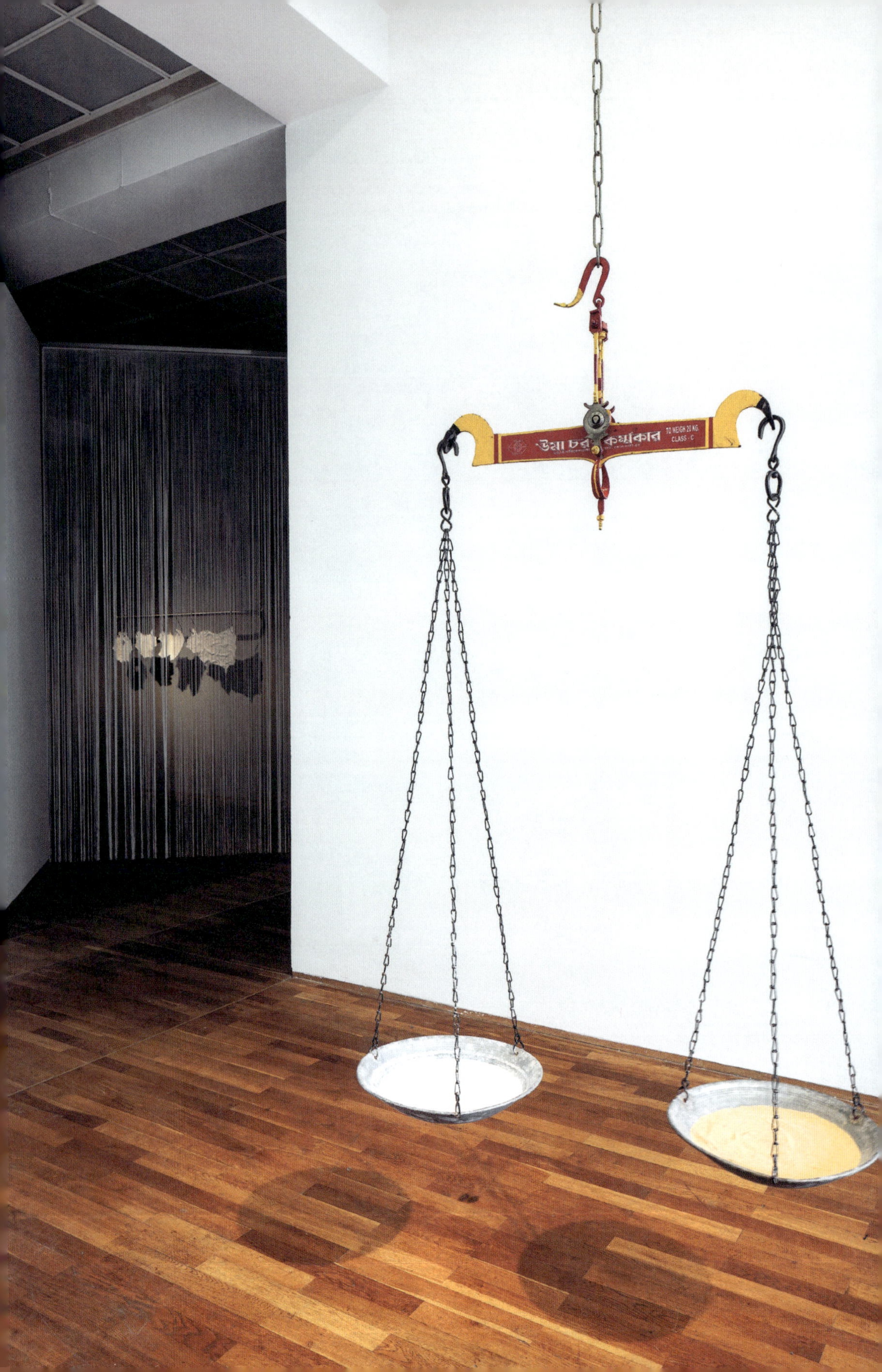
TO WEIGH 20 KG.
CLASS - C

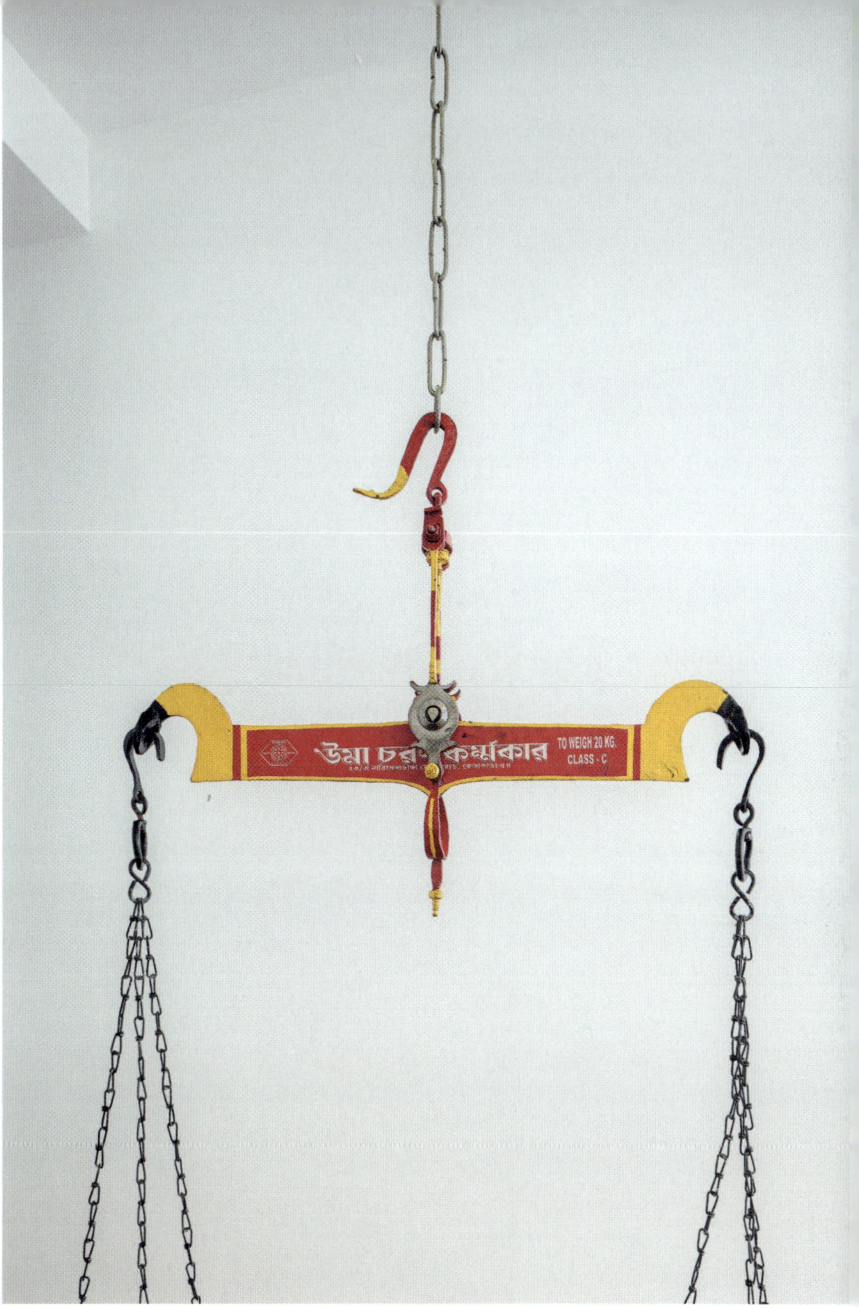

Nadia Kaabi-Linke, *Salt and Sand*, 2016, Detail

Nadia Kaabi-Linke, *Salt and Sand*, 2016, Maße variabel / dimensions variable, Salz, Sand, Alluminium, Stahl / salt, sand, aluminum, steel, Fondation François Schneider, Ausstellungsansicht / installation view Hamburger Bahnhof – Nationalgalerie der Gegenwart, 2023

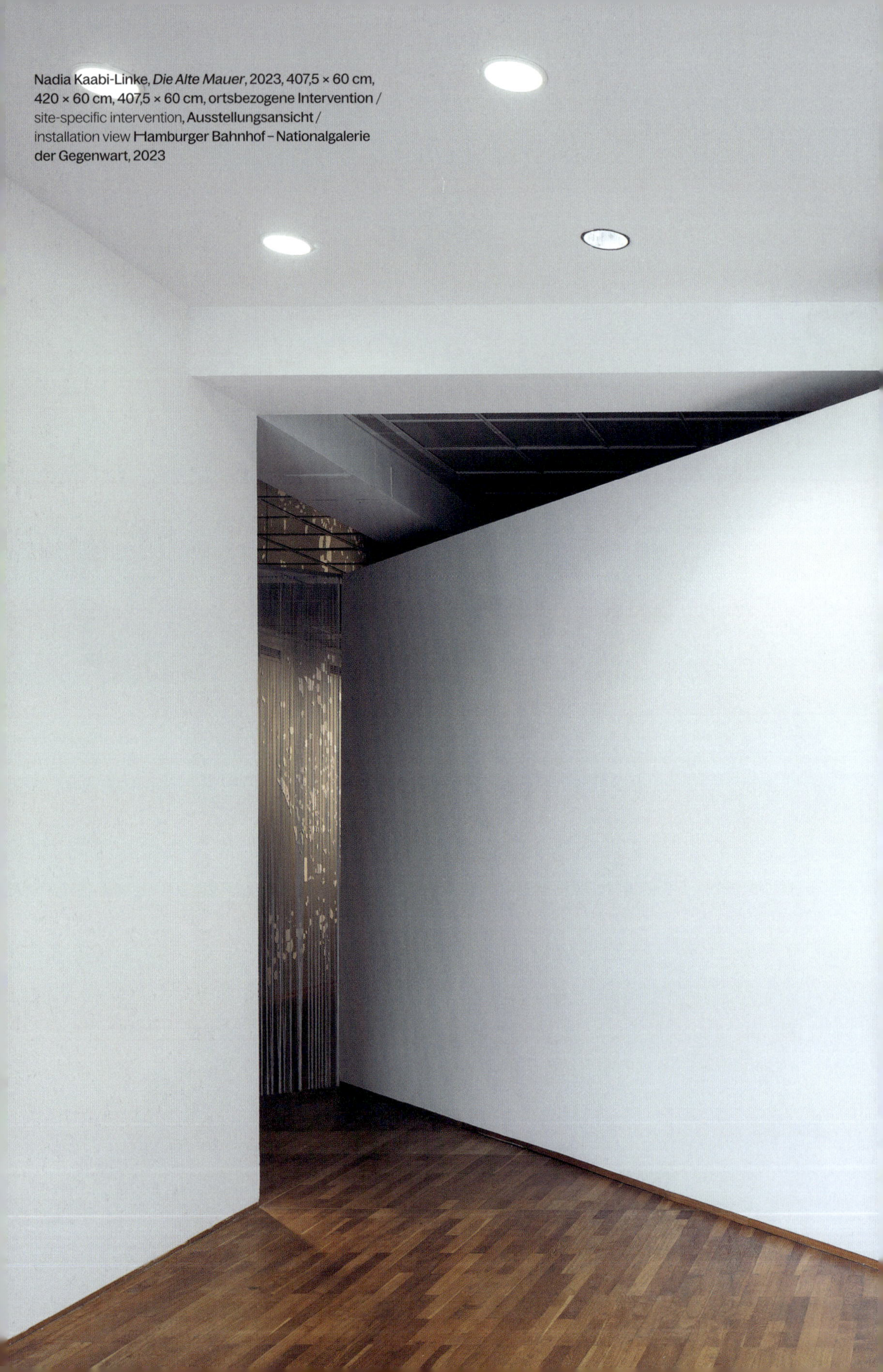

Nadia Kaabi-Linke, *Die Alte Mauer*, 2023, 407,5 × 60 cm, 420 × 60 cm, 407,5 × 60 cm, ortsbezogene Intervention / site-specific intervention, Ausstellungsansicht / installation view Hamburger Bahnhof – Nationalgalerie der Gegenwart, 2023

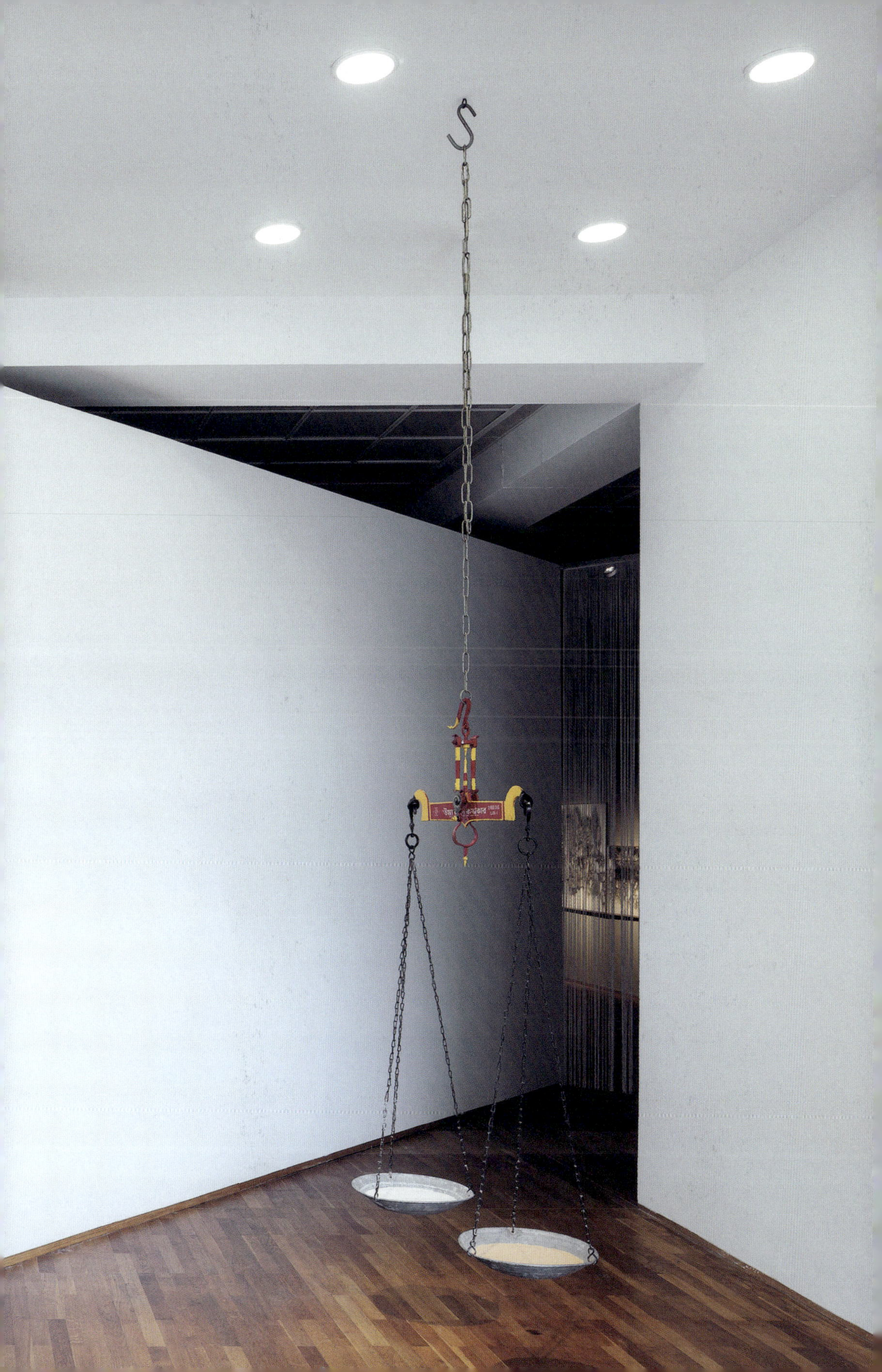

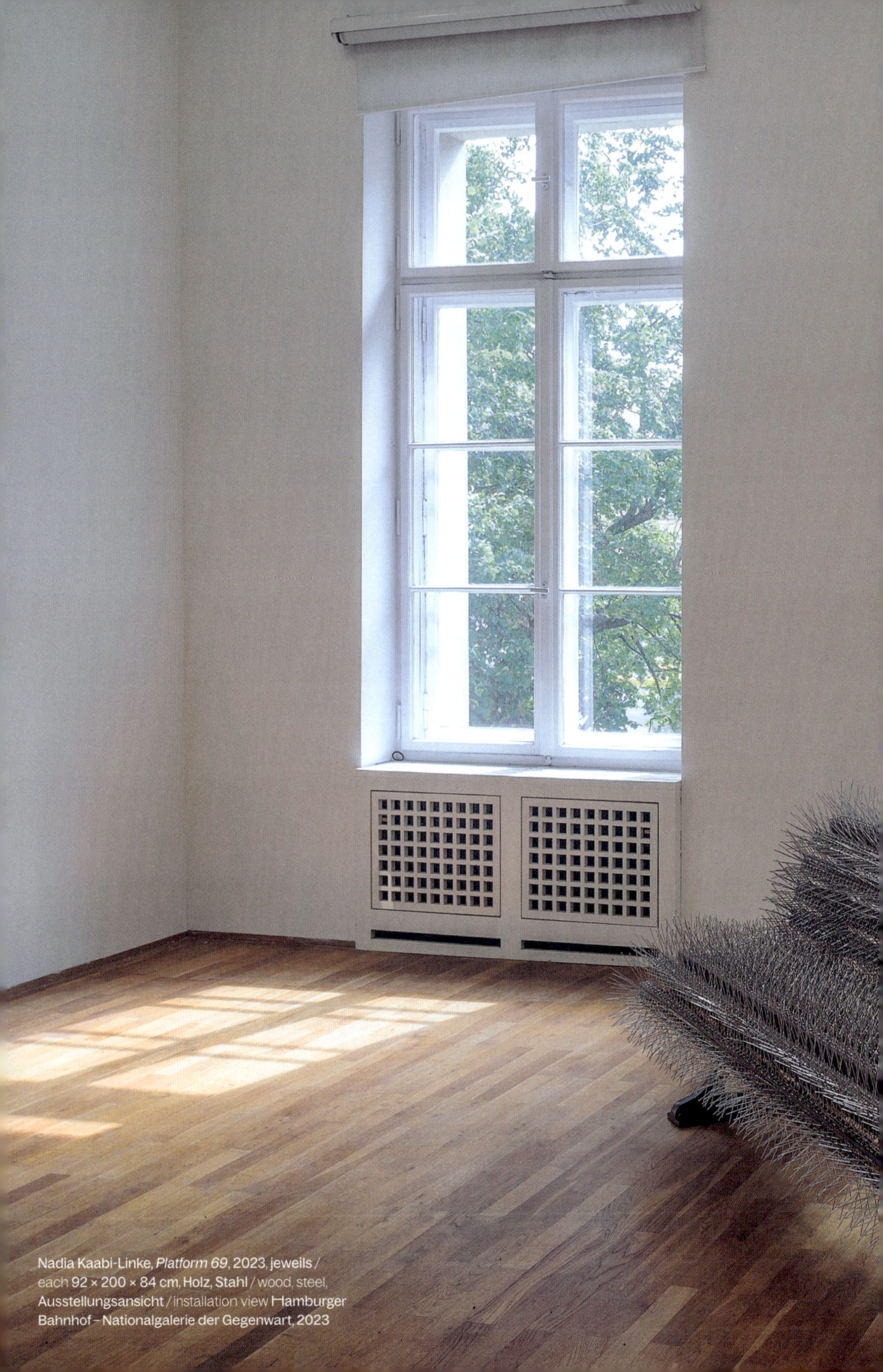

Nadia Kaabi-Linke, *Platform 69*, 2023, jeweils / each 92 × 200 × 84 cm, Holz, Stahl / wood, steel, Ausstellungsansicht / installation view Hamburger Bahnhof – Nationalgalerie der Gegenwart, 2023

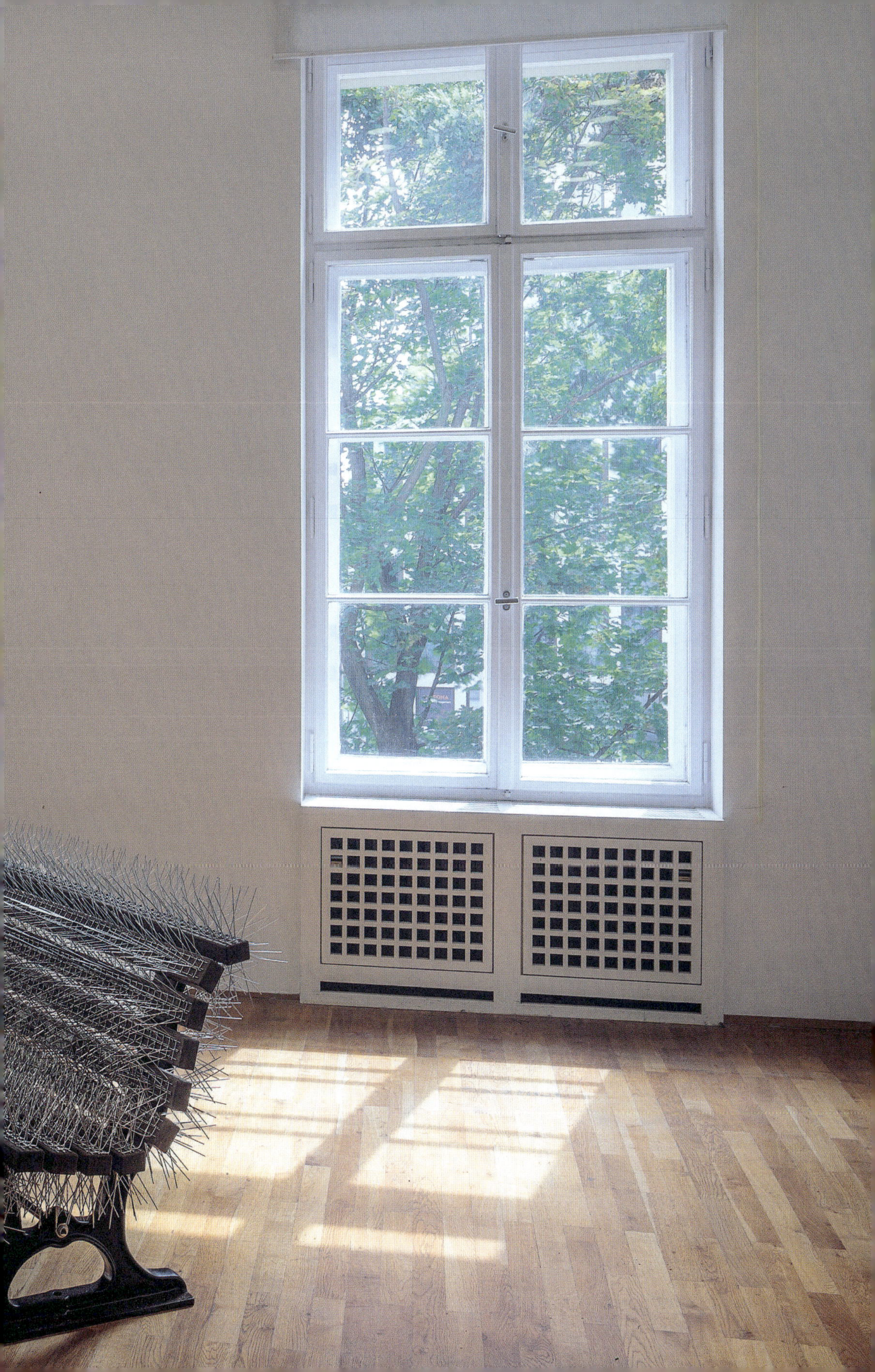

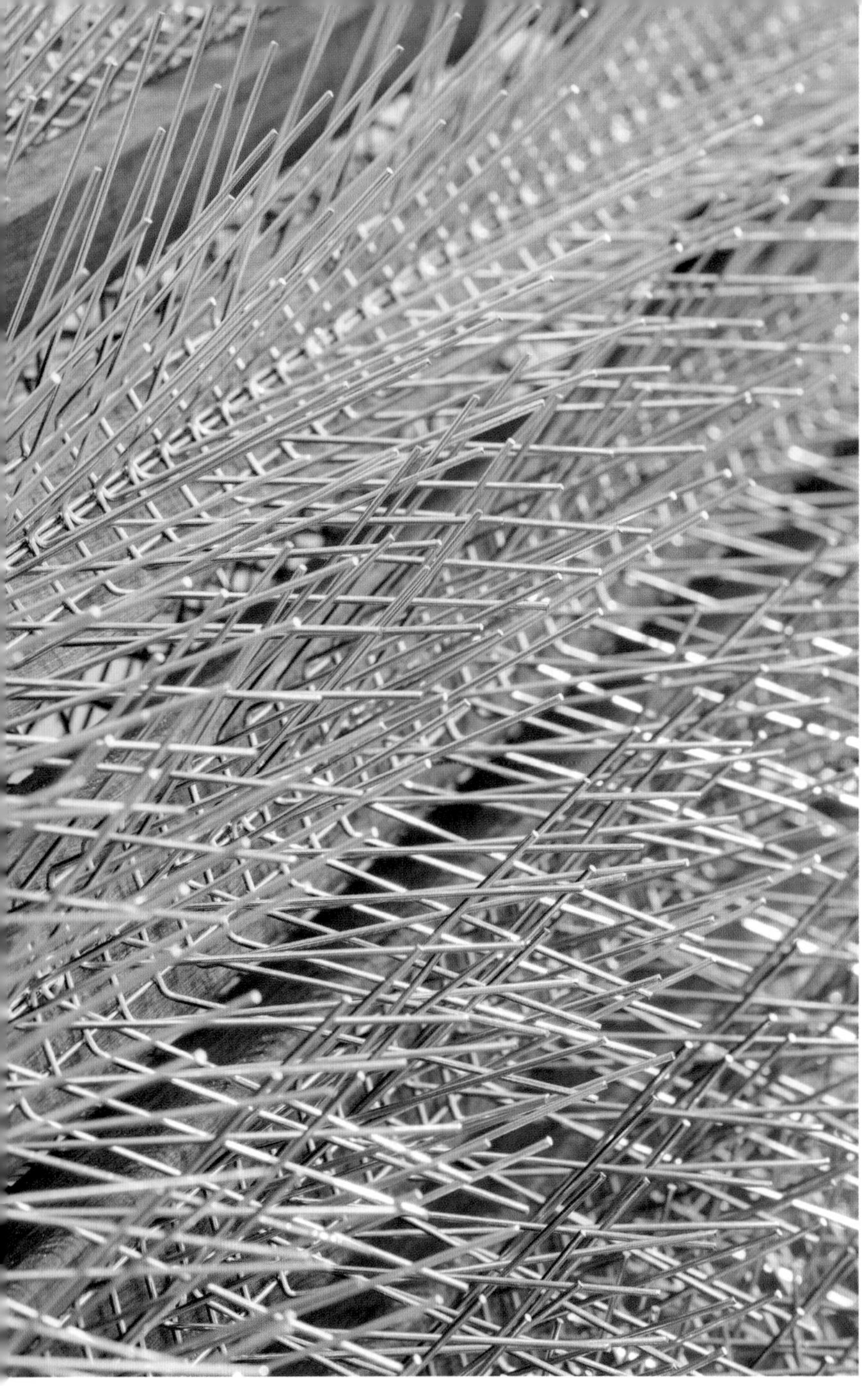

Nadia Kaabi-Linke, *Platform 69*, 2023, jeweils / each 92 × 200 × 84 cm, Holz, Stahl / wood, steel, Ausstellungsansicht / installation view Hamburger Bahnhof – Nationalgalerie der Gegenwart, 2023

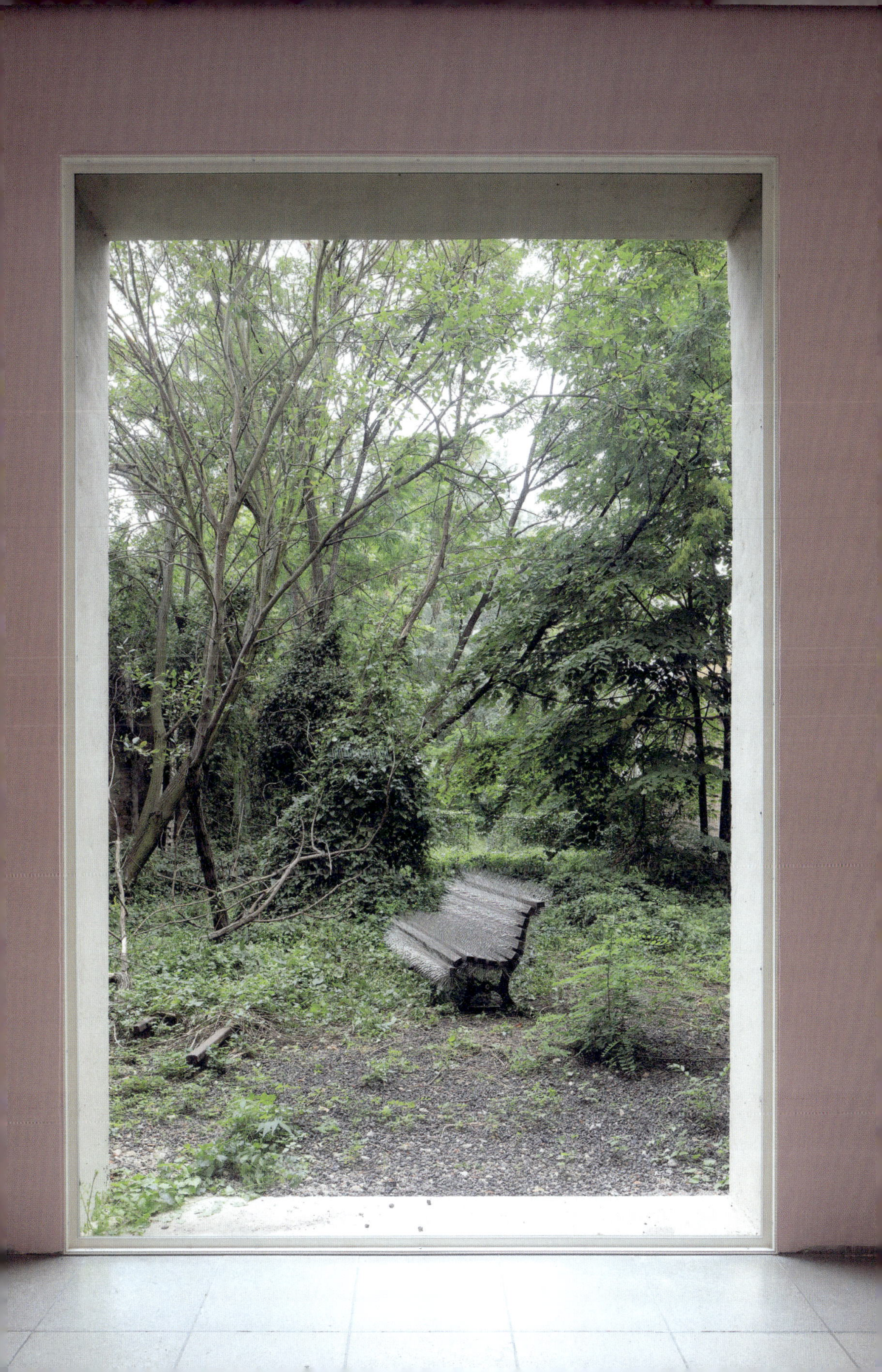

Nadia Kaabi-Linke

Geboren / born in Tunis, 1978
Lebt und arbeitet / lives and works
in Berlin, Tunis und / and Kyjiw / Kyiv

Ausbildung / Education

2008
Ph.D., Panthéon-Sorbonne Université, Paris, FR

1999
MA, Kunstakademie / Academy of Fine Arts, Tunis, TN

Ausgewählte Einzelausstellungen / Selected Solo Exhibitions

2023
Kaf wa Ka3ba 7alwa. La boîte, Tunis, TN
Seeing Without Light. Hamburger Bahnhof – Nationalgalerie der Gegenwart, Berlin, DE; Katalog / catalog
Squeezed in Infinity. National Art Museum of Ukraine, Kyjiw / Kyiv, UA
E Pluribus Unum – A Modern Fossil. Ithra Museum, Damman, SA (Ithra Art Prize 2021)
Mo#34: Nadia Kaabi-Linke. Museum Ostwall, Dortmund, DE

2020
A Matter of Resilience. Darat al Funun, Amman, JO

2019
Ремонт / Remont. Izolyatsia, Kyjiw / Kyiv, UA

2017
Versiegelte Zeit. Kunstmuseum Bonn, Bonn, DE; Katalog / catalog

2015
Walk the Line. Dallas Contemporary, Dallas, TX, US; Monographie / monograph

2014
The Future Rewound and the Cabinet of Souls. The Mosaic Rooms, London, GB; Katalog / catalog
Meinstein. Einweihung eines dauerhaft im öffentlichen Raum installierten Kunstwerks / inauguration of a permanent public artwork, Alfred-Scholz-Platz, Berlin, DE
Stranded – Preso por fios. Centro de Arte Moderna, Fundacao Calouste Gulbenkian, Lissabon / Lisbon, PT; Katalog / catalog

2012
Social States: Nadia Kaabi-Linke and Baptiste Coelho. Pump House Gallery, London, GB

Ausgewählte Gruppenausstellung / Selected Group Exhibitions

2023

Das Ruhr Ding: Schlaf. Urbane Künste Ruhr, Essen-Steele, DE; Katalog / catalog
The Mashrabiya Project – Seeing Through Space. Center Museum for Art in Wood, Philadelphia, PA, US
Le cheveu de Mu'awiya / 32 bis, Tunis, TN; Katalog / catalog
I've got a feeling. Les 5 sens dans l'art contemporain. Musée d'Angers, Angers, FR

2022

Essad Bey's ordeal. Goethe Institut Baku, Place of the Shirvanshah, Baku, AZ
A Manifesto of Fragility. Biennale de Lyon, Lyon, FR; Katalog / catalog
Forming Communities – Berliner Wege / 道法柏林, 而游于外. KINDL Zentrum für Zeitgenössische Kunst, Berlin, DE
The Sun Rises in the West and Sets in the East. Tufts University Art Galleries, Boston, MA, US
This We Believe. 21c Durham, Durham, KY, US

2021

Talents contemporains – 9ième édition. Fondation François Schneider, Wattwiller, FR; Katalog / catalog
Un.e air.e de famille. Musée d'art et d'histoire Paul Éluard, St. Dénis, FR
The Architecture of Confinement. Part II of The Architecture of Deception Trilogy. BNKR, München / Munich, DE; Katalog / catalog
TRAUMA. Bruges Triennial, Brügge / Bruges, BE; Katalog / catalog
Seeing and Perceiving. Ithra Museum, Damman, SA
Feeling the Stones. Diriyah Biennale, Riad, SA
Expo 2020 Public Art Program, Dubai; Katalog / catalog

2020

I Put a Spell On You: On Artist Collaborations. SCAD – Museum of Art, Savannah, GA, US
The Lighthouse. Villa Empain – Boghossian Foundation, Brüssel / Brussels, BE; Katalog / catalog
Global(e) Resistance. Centre Pompidou, Paris, FR; Katalog / catalog
Invented History. KINDL Zentrum für zeitgenössische Kunst, Berlin, DE
If These Walls Could Talk. Karachi Video Art Festival, Karachi, PK
A Bottomless Silence. Moda 2020, Wallach Art Gallery, Columbia University, New York, NY, US
Unhomed. Uppsala Art Museum, Uppsala, SE

2019

Соло / Solo. Mayakovsky Theater, 48 hours Novosibirsk, Novosibirsk, RU
Durch Mauern gehen / Walking Through Walls. Martin Gropius Bau, Berlin, DE; Katalog / catalog
Clapping With Stones: Arts and Acts of Resistance. Rubin Museum of Art, NY, US
Sensation of Space. The Warehouse, Dallas, TX, US

2018

How To See [What Isn't There]. Langen Foundation, Neuss, DE; Katalog / catalog
Body Ego. Dallas Museum of Art, TX, US
LB01 – Lahore Biennial, Lahore, PK

2017

Witness. Karachi Biennial, Karachi, PK
Between two rounds of fire, the exile of the sea. American University Museum at the Katzen Arts Center, Washington DC, US

2016

Borders of Visibility. Slavonian Biennial, Museum of Fine Arts, Osijek, HR
Social Calligraphies. Zacheta — National Gallery of Art, Warschau / Warsaw, PL
Songlines for a New Atlas. Kalmar Museum, Kalmar, SE
But a Storm Is Blowing from Paradise. UBS MAP Global Art Initiative, Solomon R. Guggenheim Museum, New York, NY, US; Katalog / catalog
Magic and Power – Of Magic Carpets and Drones. Marta Herford Museum, Herford, DE

2015
Invisible Manoeuvres – Reserves of Interpretation and Regions of Definition. Galerie Wedding, Berlin, DE

2014
Wir sind alle Berliner: 1884–2014. Savvy Contemporary, Berlin, DE
Entre nosotros / Between Us. Etopia Center for Art and Technology, Zaragoza, ES
Memory, Place, Desire. Cantor Fitzgerald Gallery, Haverford College, Haverford, PA, US
Sculpture du Sud #4. Villa Datris, L'Isle-sur-La-Sorgue, FR
Ici l'Afrique/ Here Africa. Art for the World, Chateau de Penthes, Genf / Geneva, CH; Katalog / catalog
Arab Contemporary. Lousiana Museum of Modern Art, Humlebaek, DN; Katalog / catalog

2013
Women Commentators. Center for Contemporary Art Ujazdowski Castle, Warschau / Warsaw, PL
Abstract Generation: Now in Print. The Museum of Modern Art, New York, NY, US
Visual Arts Festival Damascus. DEPO, Istanbul, TR
Tireless Refrain. Nam June Paik Art Center, Gyeonggi-do, Seoul, KR

2012
Kochi. Muziris Biennale, Kerala, IN
Drifting. Haus der Kulturen der Welt, Berlin, DE
25 Years of Arab Creativity. Institut du Monde Arabe, Paris, FR (weitere Station / traveled to: Bahrain National Museum, Manama, BH)
The Unexpected Guest. Liverpool Biennial, Liverpool, GB
Chkoun Ahna — On the Track of History. Carthage Contemporary, National Museum of Carthage, Byrsa, TN
Lines of Control – Partitions as a Productive Space. Herbert F. Johnson Museum, Cornell University, Ithaca, NY, US; Katalog / catalog

2011
El arte contemporáneo en el Magreb. Circulo de Bellas Artes Madrid, Madrid, ES
Based in Berlin. KW Institute for Contemporary

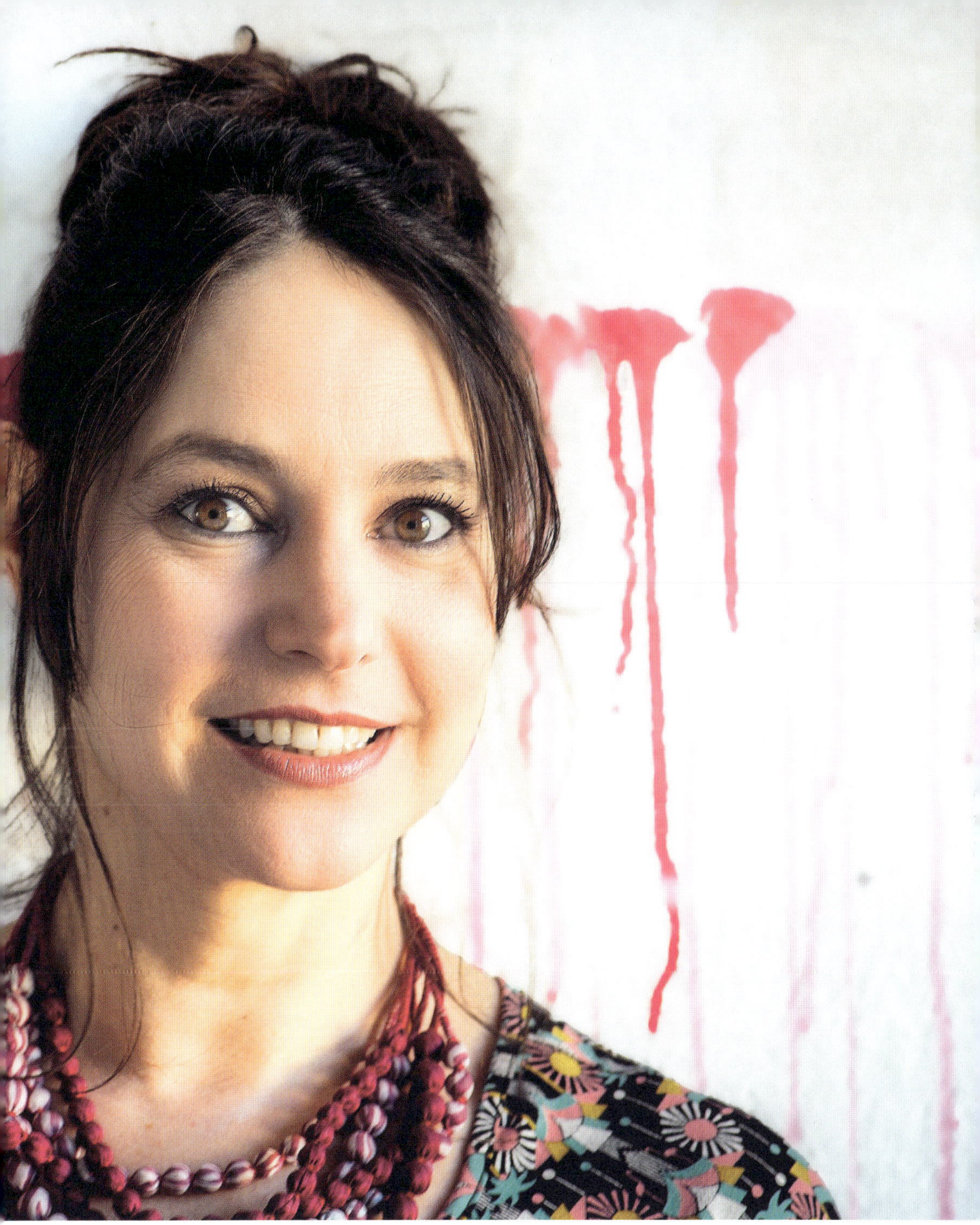

Nadia Kaabi-Linke

Art, Berlin, DE; Katalog / catalog
The Future of a Promise. Collateral event during the 54th Venice Biennale, Venedig / Venice, IT; Katalog / catalog
Drawn from Life. Abbot Hall Art Gallery, Cumbria, GB

2010
Split. Darb 1718 Contemporary, Cairo, EG

2009
Aftermath. Alexandria Biennale, Alexandria, EG (Jurypreis / jury prize)
Provisions for the Future. 9th Sharjah Biennial, Sharjah, AE; Katalog / catalog

2008
Without Borders. Hispano/Maghreb Artistic Convergences, Pontevedra Art Biennial, Pontevedra, ES; Katalog / catalog

Ausgewählte Bücher und Magazine / Selected Books and Journals

Phaidon Editors (Hg. / eds.), *African Artists From 1882 to Now*, London / New York: Phaidon, 2021.
Abdelkebir Khatibi, *Plural Maghreb: Writings on Postcolonialism*, London / New York / Oxford: Bloomsbury Academics, 2019 (Cover).
Rashid Rana (Hg. / ed.), *Present Elsewhere*, Hong Kong: Asia Art Archive, 2017.
Timo Kaabi-Linke, *Matter Matters: Nadia Kaabi-Linke*, Bielefeld: Kerber Publishing, 2016.
Sarah Maupeu, Kerstin Schankweiler & Stefanie Stallschus (Hg. / eds.), *Im Maschenwerk der Kunstgeschichte. Eine Revision von George Kublers ‚The Shape of Time'*, Berlin: Kulturverlag Kadmos, 2014.
Nadia Kaabi-Linke & Timo Kaabi-Linke, „Inside Burger Collection: Digging for Redemption" in: *Art Asia Pacific* 91 (Nov./Dez. 2014), S. / pp. 123–128.
A. Downey (Hg. / ed.), *Uncommon Grounds. New Media and Critical Practices in North Africa and the Middle-East*, London / New York: I.B. Tauris, 2014.
Falko Schmieder, „On the Track of History: Nadia Kaabi-Linke" in: *NKA Journal of Contemporary African Art* 32 (Frühjahr 2013), S. / pp. 128–137.
Nadia Kaabi-Linke, „Mich interessiert mehr die chaotische, konkrete Realität / I'm More Interested in Messy, Concrete Reality" in: Angelika Stepken (Hg. / ed.), *On One Side of the Same Water. Artistic Practice Between Tirana and Tangir*, Ostfildern: Hatje Cantz, 2012, S. / pp. 172–189.
Timo Kaabi-Linke, „Geo-Coding Contemporary Art?" in: *Contemporary Practices* 9 (2011), S. / pp. 102–105.
Timo Kaabi-Linke, „Wohlstand, Sicherheit, Endzeitstimmung und der Begriff des Überlebens. Gespräch mit Falko Schmieder", in: Holger Adam et al. (Hg. / eds.), *testcard #21: Überleben – Pop und Antipop in Zeiten des Weniger*, Mainz: Ventil Verlag, 2011.
Sharmini Pereira, *Footnote to a Project*, Dubai: Abraaj Capital Art Prize, 2011.
Rachida Triki (Hg. / ed.), *Le Contemporain des arts*, Tunis: Editions Wassiti, 2011.
Timo Kaabi-Linke, „San Paolo und das Kino als hermeneutische Agentur" in: *übersetzen. off topic* 0 (2008), S. / pp. 48–59.
Timo Kaabi-Linke, „Essay & Sprache als Versuch. Dreizehn Bemerkungen über Stil und Form" in: *Plateau* 4 (2008), S. / pp. 44–51.

Auszeichnungen und Stipendien / Awards, Fellowships and Grants

2022
Veduta Artist Residency und Forschungsstipendium / and research grant, Lyon, FR
Jurymitglied / jury member, Kamel Lazaar Foundation, Tunis, TN

2021
Forschungs- und Produktionsstipendium für / research and production grant for Blindstrom, Goethe Institut, Kyjiw / Kyiv, UA
Ithra Art Prize, Damman, SA

Jurymitglied / jury member, Arab Funds for Art and Culture, Beirut, LB

2020
The François Schneider Foundation Art Prize, Wattwiller, FR

2019
The Arab Fund for Arts and Culture Production Grant, Beirut, LB

2017
Lalbhai Family Research Grant and Residency, Ahmedabad, IN

2016
Jurymitglied / jury member, A. M. Qattan Foundation, Al-Tira-Ramallah, PS

2014
Artist Residency, Mosaic Rooms, London, GB
Discoveries Prize, Art Basel, Hong Kong, HK

2012
Artist Residency, Villa Arson, Nizza / Nice, FR

2011
Abraaj Group Art Prize, Dubai, AE
Artist Residency, Delfina Foundation, London, GB

2010
Erster Preis / first prize "UmbauStadt", Berlin, DE
Al Mawred Al Thaqafy Production Grant, Cairo, EG

2008
Produktionsstipendium / production grant, Centro Culturale, Teresa Orsola Bussa de Rossi, Turin / Turino, IT

2000
Austauschstipendium für Master- und PhD-Studien in Frankreich des Ministeriums für Hochschulbildung / foreign exchange scholarship in France for Master's and Ph.D. studies from the Ministry of Higher Education, Tunis, TN

Öffentliche Sammlungen / Public Collections

21 C Museum, KY, US
ARTER, Vehbi Koç Foundation, Istanbul, TR
Barjeel Art Foundation, Sharjah, AE
Burger Collection, Hong Kong, HK
Centre Pompidou, Paris, FR
Dallas Museum of Art, Dallas, TX, US
Expo 2020 Art Collection, Dubai, AE
Facebook AIR, Dubai, AE
Farjam Collection, Dubai, AE / Paris, FR
Fondation François Schneider, Wattwiller, FR
Fondation Villa Datris pour la Sculpture Contemporaine, L'Isle-sur-La-Sorgue, FR
FRAC Pay de la Loire, FR
Jameel Art Collection, Dubai, AE
JPMorgan Chase Art Collection, New York, NY, US
Kamel Lazaar Foundation, Tunis, TN
M+ Museum, Hong Kong, HK
Ministère de la Culture et de la Sauvegarde du Patrimoine, Tunis, TN
Musée d'Art Contemporain de Lyon, Lyon, FR
Museum of Modern Art, New York, NY, US
Samdani Art Foundation, Dhaka, BD
Sharjah Art Foundation, Sharjah, AE
Solomon R. Guggenheim Museum, New York, NY, US
The Khaled Shoman Foundation, Amman, JO
The Ramzi and Saeda Dalloul Art Foundation, Beirut, LB

Impressum / Imprint

Diese Publikation erscheint anlässlich der Ausstellung / Published on the occasion of the exhibition
Nadia Kaabi-Linke. Seeing Without Light
8. September 2023 – 24. März 2024
/ September 8, 2023 – March 24, 2024
im / at **Hamburger Bahnhof – Nationalgalerie der Gegenwart, Staatliche Museen zu Berlin**
Direktoren / Directors: **Sam Bardaouil & Till Fellrath**
smb.museum/hbf

Ausstellung / Exhibition

Kurator*innen / Curators:
Sam Bardaouil & Daria Prydybailo
Sekretariat / Office: **Katrin Berendsen**
Restauratorische Betreuung / Conservation:
Leonie Colditz
Sammlungsverwaltung / Collection Management:
Jörg Lange, Thomas Seewald
Kommunikation / Communication:
Fiona Geuß, Anna Nike Sohrauer
Kunstvermittlung / Mediation: **Claudia Ehgartner**
Beratende Kunstvermittlerin / Advising Art Mediator:
Christine Rieger
Haustechnik / Maintenance: **Gerhard Kaiser, Garry Rogge, Stefan Gösche, Frank Wloka**
Ausstellungsarchitektur / Exhibition Design:
Spot on – Creating Spaces.
Alexander Süßmann, Ashley Ulm
Ausstellungsbau / Exhibition Construction:
LICHTblick Bühnentechnik
Art Handling: Kruse AT
Ausstellungsgrafik / Exhibition Graphics: **Eps51**
Programmpartner*innen / Public Program Partners:
Ukrainian Institute, Goethe Institut Ukraine

Publikation / Catalogue

Für die / For the Nationalgalerie – **Staatliche Museen zu Berlin herausgegeben von** / edited by
Sam Bardaouil & Till Fellrath
Autor*innen / Authors: **Paul Ardenne, Sam Bardaouil, Nadia Kaabi-Linke, Timo Kaabi-Linke, Daria Prydybailo**
Koordination / Coordination: **Lisa Hörstmann**
Übersetzungen / Translations: **Katrin Boskamp-Priever, Timo Kaabi-Linke, Jaqueline Todd**
Ausstellungsfotografie und Bildbearbeitung / Exhibiton Photography and Photo Editing: **Jacopo La Forgia**
Praktikantinnen / Interns: **Alena Beyer, Isabelle Werner**

Cover:
Nadia Kaabi-Linke, *Blindstrom for Kazimir*, 2023, Arbeitsschritt / process image
Nadia Kaabi-Linke, *Platform 69*, 2023, jeweils / each
92 × 200 × 84 cm, Holz, Stahl / wood, steel

Silvana Editoriale

Hauptgeschäftsführung / Chief Executive:
Michele Pizzi
Verlagsleitung / Editorial Director: **Sergio Di Stefano**
Art Director: Giacomo Merli
Redaktionskoordination / Editorial Coordinator:
Natalia Grilli
Korrektorat / Copy Editor: **Cristina Pradella**
Produktionskoordination / Production Coordinator:
Antonio Micelli
Redaktionsassistenz / Editorial Assistant:
Giulia Mercanti
Photo Editor: Silvia Sala
Pressestelle / Press Office: **Lidia Masolini**

Layout und Satz / Graphic Design and Typesetting:
Eps51
Druck und Bindung / Printing and Binding:
Tipostampa, Moncalieri
Papier / Paper: **Fedrigoni Arena White Rough**
Schriften / Fonts: **Bagoss Variable**

Erschienen bei / Published by **Silvana Editoriale S.p.A., Mailand** / Milano. **www.silvanaeditoriale.it**

Die Deutsche Nationalbibliothek verzeichnet diese Publikation in der Deutschen Nationalbibliografie; detaillierte bibliografische Daten sind im Internet über http://dnb.dnb.de abrufbar. / The German National Library lists this publication in the German National Bibliography. Detailed bibliographic data are available at http://dnb.dnb.de.

Printed in the EU
ISBN: 9788836655168

Abbildungs-verzeichnis / Photo Credits

Cover, S. 7, 30, 36, 40, 41 © Nadia Kaabi-Linke. 2023 VG Bild-Kunst, Bonn
S. 5, 65, 68 © Nadia Kaabi-Linke. 2023 VG Bild-Kunst, Bonn. Foto: Timo Kaabi-Linke
S. 6 © Nadia Kaabi-Linke. 2023 VG Bild-Kunst, Bonn. Foto: David Heald. Courtesy of Guggenheim Museum, New York
S. 8 unten © Nadia Kaabi-Linke. 2023 VG Bild-Kunst, Bonn. Foto: Andy Stagg
S. 9 © Nadia Kaabi-Linke. 2023 VG Bild-Kunst, Bonn. Foto: José Manuel Costa Alves
S. 10 © Nadia Kaabi-Linke. 2023 VG Bild-Kunst, Bonn. Foto: Dominik Gigler
S. 11–22, 32, 42–63, 71–101 © Nadia Kaabi-Linke. 2023 VG Bild-Kunst, Bonn. Staatliche Museen zu Berlin, Nationalgalerie / Jacopo La Forgia
S. 33 © Nadia Kaabi-Linke. 2023. VG Bild -Kunst, Bonn. Foto: Urbane Künste Ruhr / Henning Rogge
S. 34, 104, 105 © Timo Kaabi-Linke. 2023 VG Bild-Kunst, Bonn
S. 66 © Nadia Kaabi-Linke. 2023 VG Bild-Kunst, Bonn. Foto: Kevin Todora
S. 67 © Nadia Kaabi-Linke. 2023 VG Bild-Kunst, Bonn. Foto: Uwe Walter

Dank / Acknowledgements

Die Ausstellung wird ermöglicht durch die Freunden der Nationalgalerie und Burger Collection, Hong Kong und TOY Freunde. / The exhibition is made possible by Freunde der Nationalgalerie and Burger Collection, Hong Kong and the TOY family.

Die Publikation wurde ermöglicht durch die Freunde der Nationalgalerie. / The publication was made possible by Freunde der Nationalgalerie.